Das Hunsrück Kochbuch

REGIONALIA
VERLAG

Das Hunsrück Kochbuch

11. Auflage 2025

Regionalia Verlag
ein Imprint der Kraterleuchten GmbH
Gartenstraße 3, 54550 Daun
Verlagsleitung: Sven Nieder

Bei Fragen zur Produktsicherheit wenden Sie sich an:
gpsr@kraterleuchten.com

Einbandgestaltung: Lydia Muhr, agilmedien, Niederkassel
Layout und Satz: Beata Salanowski für agilmedien, Niederkassel

Hergestellt in der Europäischen Union, Finidr, CZ

ISBN 978-3-95540-165-8

www.regionalia-verlag.de

Inhalt

Kartoffel- und Gemüsegerichte 35

Entdecken Sie die Städte
und schönen Orte 59

Fleisch- und Wurstgerichte 69

Gerichte mit Fisch 91

Eine Traumreise entlang des rechten Moselufers 97

Köstliches für die Kaffeetafel 109

Vorwort

Der Hunsrück ist umgeben von Westerwald, Eifel, Rheingau und der Pfalz. Die Menschen in dieser Region, mit ihren kargen Höhen und undurchdringlichen Wäldern, waren es von jeher gewohnt, mit der Natur zu leben.

In mühseliger und beschwerlicher Arbeit musste dem Land Ackerboden abgefordert werden, weshalb für kulinarische Feinheiten in der Küche zunächst kein Platz war. Die Mahlzeiten mussten in erster Linie satt machen, nahrhaft sein und den Körper stärken. Zudem waren die Speisen eher schlicht,

Stromberg

denn auch die Frauen mussten hinaus aufs Feld und hatten somit weder Zeit noch Muße, für die Zubereitung ausgiebiger Mahlzeiten in der Küche zu stehen. Die Hunsrücker Küche ist auch heute noch schnörkellos, durchaus deftig und einfach nachzukochen, weshalb sie vielleicht gerade deshalb ihren besonderen Reiz hat.

In Zeiten der Fast-Food-Generation sind deftige Gerichte wie Warmer Grumbiersalat, Brockelbohnesupp, Grumbiereworscht oder Stampes mit Speckgriebcher Zeugen alter Hunsrücker Tradition und ein Genuss der besonderen Art.

Verwöhnen Sie sich und Ihre Lieben mit süßen Leckereien wie Hunsrücker Apfelkuchen, Süße Dampfnudeln, Milchreis mit Zucker und Zimt oder Hunsrücker Weincreme, Sie werden begeistert sein.

Rezepte

Vorspeisen, Beilagen und Leckeres für „Zwischendurch"

Die folgenden Gerichte können Sie als Entree vor den Hauptmahlzeiten servieren oder einfach mal zwischendurch genießen. Zudem schmecken Speisen wie Bettseichersalat oder Rettichsalat hervorragend als Beilage zu Fleisch- oder Fischgerichten.

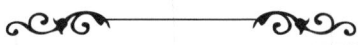

Eijerschmier

Für 4 Personen

Zubereitungszeit:
10 Minuten
Kochzeit:
einige Minuten

zutaten

250 g Speck
200 ml Milch
8 Eier
4 EL Mehl
Salz
Pfeffer
etwas gehackte
Petersilie

1.

Den Speck in kleine Würfel schneiden und in einer Pfanne ohne Fettzugabe auslassen. Die Milch dazugießen und das Ganze zum Kochen bringen und kurz aufkochen lassen.

2.

Die Eier in einer Schüssel aufschlagen, mit dem Mehl verquirlen und in die Speckmilch geben. Erneut aufkochen und bei mäßiger Hitze stocken lassen. Eventuell mit etwas Salz und Pfeffer abschmecken und mit der Petersilie garnieren. Die Eijerschmier mit frischem Graubrot servieren.

Eijerpannkuche

1.

Die Eier in einer weiten Schüssel aufschlagen und mit dem gesiebten Mehl und den übrigen Zutaten zu einem glatten Teig verrühren. Anschließend 30 Minuten ruhen lassen.

Für 4 Personen

Zubereitungszeit:
10 Minuten
(ohne Wartezeit)
Kochzeit:
einige Minuten

2.

Den Teig erneut verrühren. Öl in einer Pfanne erhitzen und den Teig darin portionsweise von beiden Seiten goldbraun ausbacken. Die Eijerpannkuche mit Zucker und Marmelade, als Suppeneinlage oder einfach „so" essen.

Zutaten
6 Eier
500 g Mehl
Salz
250 ml Mineralwasser
500 ml Milch

Außerdem
Öl zum Ausbacken

Tipp:
Wenn Sie die Pfannkuchen gerne süß essen, können Sie dem Teig auch direkt 2 EL Zucker zufügen. Die Eijerpannkuche schmecken herzhaft auch besonders gut, wenn Sie z.B. Camembert in dünnen Scheiben auf die Pfannkuchen geben und noch einmal im Backofen kurz überbacken lassen. Dazu dann einen grünen Salat reichen.

Bettseichersalat

Für 4 Personen

Zubereitungszeit:
10 Minuten
(ohne Wartezeit)
Kochzeit: 8 Minuten

Zutaten

500 g Löwenzahn-
blätter
2 Eier
1 Schalotte
1 Bund Schnitt-
lauch
250 ml saure
Sahne
5 EL Weißwein-
essig
4 EL Öl
Salz
Pfeffer

1.

Die Löwenzahnblätter gründlich waschen und anschließend in Wasser etwa 30 Minuten ziehen lassen, damit sie einen Teil ihrer Bitterstoffe verlieren. Danach in einem Sieb gut abtropfen lassen. Die Eier in Wasser etwa 8 Minuten hart kochen lassen. Dann kalt abschrecken, pellen und in kleine Würfel schneiden. Die Schalotte schälen und in kleine Würfel schneiden. Den Schnittlauch waschen, gut trocknen und in kleine Röllchen schneiden.

2.

Die Eier mit Sahne, Essig, Öl, Schalotte, Schnittlauch, Salz und Pfeffer verrühren. Die Löwenzahnblätter in eine Schüssel geben und die Salatsoße unterheben. Den Bettseichersalat als Vorspeise mit Brot oder als Beilage zu einem Fleisch- oder Fischgericht servieren.

Tipp:
Junge Löwenzahnblätter können Sie im April und im Mai selbst pflücken. Achten Sie dabei darauf, den Löwenzahn nicht an befahrenen Straßen zu ernten, sammeln Sie die Blätter möglichst auf abgelegenen Wiesen.
Das Herz der Pflanze sollte noch gelblich-weiß sein und blühende Pflanzen dürfen für den Salat nicht verwendet werden.

Mehlklees

1.

Die Brötchen in etwa 1,5 cm große Würfel schneiden. Die Butter in einer Pfanne erhitzen und die Brötchenwürfel darin rundherum goldbraun rösten, anschließend lauwarm abkühlen lassen.

2.

Das Mehl mit Salz, Eiern und Milch zu einem glatten Teig verrühren. Brötchenwürfel untermischen und abgedeckt etwa 20 Minuten ruhen lassen.

In einem hohen Topf reichlich Salzwasser zum Kochen bringen, die Knödelmasse mit Hilfe von zwei feuchten Esslöffeln zu 4 Portionen abstechen und in das kochende Wasser gleiten lassen. Die Hitze reduzieren und die Knödel bei milder Hitze 20 Minuten gar ziehen lassen. Die Knödel zu Fleischgerichten mit Soße servieren. Die Mehlklees schmecken aber auch mit Röstzwiebeln und einem grünen Salat.

Für 4 Personen

Zubereitungszeit:
25 Minuten
(ohne Wartezeit)
Kochzeit: 20 Minuten

Zutaten
2 Brötchen
2 EL Butter
300 g Mehl
1 kräftige Prise Salz
2 Eier
200 ml Milch

Tipp:
Übrig gebliebene Knödel lassen sich am nächsten Tag super in Butter goldbraun braten.

Rettichsalat

Für 4 Personen

Zubereitungszeit:
5 Minuten
(ohne Wartezeit)

Zutaten
1–2 Rettiche
Salz
2 EL Weißweinessig
2 EL Öl

1.

Die Rettiche schälen und anschließend raspeln oder über einen Gurkenhobel in feine Scheiben schneiden. Den Rettich in einer Schüssel mit Salz bestreuen und umrühren.

2.

Das Ganze etwa 30 Minuten ziehen lassen und dann mit Essig und Öl vermischen. Den Rettichsalat als Beilage zu Kastellauner Schwenkbraten oder zu Hackfleischkiechelcher servieren.

Tipp:
Wenn Sie mögen, können Sie auch einen geriebenen Apfel unter den Salat heben. Sollte der Rettich zu viel Flüssigkeit ziehen, gießen Sie etwas davon in ein Glas und trinken Sie den Saft. Der Saft hilft bei Darmstörungen und ist wirkungsvoll bei Gallenbeschwerden.

Warmer Grumbiersalat

1.

Die Kartoffeln waschen und in der Schale wie gewohnt in reichlich Salzwasser zu Pellkartoffel gar kochen. Abgießen, pellen, etwas abkühlen lassen und in Scheiben schneiden.

2.

Den Speck in Würfel schneiden, die Zwiebeln schälen und ebenfalls würfeln. Speck und Zwiebeln in einem kleinen Bräter anbraten, mit Mehl bestäuben und unter ständigem Rühren die Fleischbrühe angießen, bis die Soße eine sämige, aber nicht zu feste Konsistenz hat.

3.

Die Kartoffelscheiben vorsichtig unterheben und je nach Geschmack mehr oder weniger Essig dazugeben. Die Kartoffeln in der Soße einmal kurz aufkochen, mit Salz und Pfeffer abschmecken und in eine Servierschüssel füllen. Den warmen Grumbiersalat mit den Schnittlauchröllchen garnieren und als Beilage zu Würstchen oder Kurzgebratenem servieren.

Für 4 Personen
Zubereitungszeit:
20 Minuten
Kochzeit: 25 Minuten

Zutaten
1 kg Kartoffeln
Salz
200 g Speck
2 Zwiebeln
2 EL Mehl
Etwa 200 ml warme
Fleischbrühe,
Menge nach Bedarf
Essig, Menge
nach Belieben
Pfeffer
1 EL Schnittlauch-
röllchen

Wasserspatzen

Für 4 Personen

Zubereitungszeit:
20 Minuten
(ohne Wartezeit)
Kochzeit:
einige Minuten

Zutaten
350 g Mehl
4 Eier
Salz
1 EL Butter
Etwa 80 g
Semmelbrösel

1.

Das gesiebte Mehl mit Eiern, 200 ml Wasser und 1 Teelöffel Salz zu einem glatten Teig verrühren. Abgedeckt etwa 30 Minuten ruhen lassen.

2.

Salzwasser in einem hohen Topf zum Kochen bringen und den Teig esslöffelweise ins Wasser geben. Bei mäßiger Hitze so lange garen, bis die „Spatzen" oben schwimmen. Mit einer Schaumkelle aus dem Wasser heben, abtropfen lassen und in einer Schüssel warm halten, bis der Teig aufgebraucht ist.

3.

Die Butter in einer Pfanne erhitzen, die Semmelbrösel darin goldgelb anbraten und über die Spatzen geben. Die Wasserspatzen auf flachen Tellern portionieren und mit Apfelkompott servieren.

Salzige Dampfnudeln

Für 4 Personen

Zubereitungszeit:
30 Minuten
(ohne Wartezeit)
Kochzeit: 15 Minuten

1.

Zuerst einen Vorteig zubereiten. Dazu 200 g Mehl mit 200 ml warmer Milch und 0,5 g Hefe mischen und abgedeckt über Nacht bei Raumtemperatur gehen lassen.

2.

Diesen Vorteig am Folgetag mit allen anderen Teigzutaten verkneten und den Teig anschließend 10 Minuten kräftig auskneten. 1 Stunde warm stellen und gehen lassen.
Dann erneut durchkneten und 80–90 g schwere Stücke abstechen, zu runden Kugeln formen und abgedeckt weitere 60 Minuten an einen warmen Ort stellen.

salzige Dampfnudeln

3.

Eine sehr gut beschichtete (oder gusseiserne) Pfanne mit
Glasdeckel etwa 1 cm hoch mit Wasser füllen, Schmalz, Butter
und Salz zugeben und kräftig aufkochen lassen. Sobald das
Wasser kocht, die Teigkugeln eng anliegend in die Pfanne setzen und den Glasdeckel schließen.

5.

Das Ganze 3 Minuten auf höchster Stufe kochen lassen.
Weitere 15 Minuten auf mäßiger Hitze kochen, das Wasser
sollte nach dieser Zeit vollkommen verdunstet sein. Auch am
Deckel soll sich kein Wasser mehr befinden.
Die Dampfnudeln sollten an der Unterseite eine knusprige,
braune Kruste gebildet haben. Wenn Sie mögen, servieren Sie
die Dampfnudeln mit ausgelassener Butter.

Zutaten

Für den Teig
500 g Weizenmehl
310 ml Milch
20 g Frischhefe
5 g Salz

Zum Kochen
1 EL Schmalz
½ EL Butter
5 g Salz

Suppen

Suppengerichte sind in der Regel einfach nachzukochen. Der Vorteil bei einer Suppe besteht darin, dass man meistens nur einen Topf benötigt, was den anschließenden Abwasch etwas vereinfacht. Eine heiße Suppe erfreut den Magen nicht nur in der kühleren Jahreszeit, Suppen kann man einfach immer essen.

Knochebrieh

Für 4 Personen

Zubereitungszeit:
15 Minuten
Kochzeit: 2 Stunden

Zutaten

1 Bund Suppen-
gemüse (Möhre,
Sellerie, Lauch)
1 große Zwiebel
500 g Rinder-
knochen (Fleisch-
und Mark-
knochen)
3 EL Öl
Salz
Pfeffer
1 EL gehackte
Petersilie

1.

Das Suppengemüse putzen bzw. schälen, waschen und in kleine Stücke schneiden. Die Zwiebel schälen und würfeln. Die
Knochen unter fließendem Wasser abwaschen.

2.

Das Öl in einem Topf auslassen und die Knochen darin kräftig
anrösten. Das Gemüse und die Zwiebel dazugeben und ebenfalls anrösten. Das Ganze mit 3 Liter heißem Wasser ablöschen, kräftig mit Salz und Pfeffer würzen und 2 Stunden bei
mäßiger Hitze kochen lassen.

Die Knochenbrühe anschließend abseihen und die Flüssigkeit
auffangen. Die heiße Brühe in Suppentassen füllen und mit
Petersilie garniert servieren.

> **Tipp:**
> Sie können die Knochebrieh als Vorsuppe servieren und – wenn
> Sie mögen – auch noch Suppennudeln in die Suppe geben.
> Allgemein können Sie die Knochenbrühe auch als Grundlage für
> andere Fleisch- und Gemüsesuppen und Soßen verwenden. Reste
> der Suppe können Sie sehr gut einfrieren.

Brockelbohnesupp

1.

Das Suppengemüse putzen bzw. schälen, waschen und in kleine Stücke schneiden. Die Zwiebel schälen und würfeln. Die Bohnen waschen, ggf. von vorhandenen Fäden befreien und je nach Größe halbieren. Die Kartoffeln schälen, waschen und in nicht zu kleine Würfel schneiden.

2.

Die Fleischbrühe in einem Topf zum Kochen bringen, das Fleisch und die Zwiebel dazugeben und 30 Minuten kochen lassen. Sämtliches Gemüse und die Kartoffeln in die Suppe geben und 30 Minuten köcheln lassen. Das Fleisch aus der Suppe nehmen, klein schneiden und zurück in die Suppe geben.

Die Brockelbohnesupp abschließend mit Salz, Pfeffer und Thymian abschmecken und heiß zu Tisch bringen.

Für 4 Personen

Zubereitungszeit:
25 Minuten
Kochzeit: 60 Minuten

Zutaten

1 Bund Suppengemüse
1 Zwiebel
800 g grüne Bohnen
4–5 Kartoffeln
1,5 L klare Fleischbrühe
600 g Suppenfleisch (Rind)
Salz
Pfeffer
Thymian

Tipp:
Diese Suppe, auch Schnibbelbohnesupp genannt, isst man im Hunsrück mit frisch gebackenem Zwetschgenkuchen.

Grumbiersupp

Für 4 Personen

Zubereitungszeit:
40 Minuten
(ohne Wartezeit)
Kochzeit: 20–25
Minuten

Zutaten
800 g Kartoffeln
1 Bund
Suppengemüse
1 Zwiebel
40 g Butter
2 L kräftige
Fleisch- oder
Knochenbrühe
1 Knoblauchzehe
Salz
Pfeffer
1 EL Schnittlauch-
röllchen

1.

Am Vortag die Kartoffeln waschen und in der Schale zu Pellkartoffeln gar kochen. Anschließend pellen und abgedeckt kalt stellen.

2.

Am Folgetag das Suppengemüse putzen bzw. schälen, waschen und in kleine Stücke schneiden. Die Zwiebel schälen und in kleine Würfel schneiden. Die gekochten Kartoffeln reiben.

3.

Die Butter in einem Topf auslassen und Zwiebelwürfel mit dem Gemüse darin anrösten. Die geriebenen Kartoffeln dazu-geben, ebenfalls kurz anrösten, aber nicht bräunen lassen. Mit der Fleischbrühe ablöschen und etwa 20–25 Minuten leise köcheln lassen, bis das Gemüse bissfest gar ist. Knoblauch pellen, mit der Knoblauchpresse in die heiße Suppe pressen und mit Salz und Pfeffer abschmecken. Die Suppe in eine Suppenschüssel füllen. Mit Schnittlauchröllchen garnieren und mit heißen Würstchen servieren.

Tipp:
Wenn die Suppe zu flüssig ist, können Sie etwas Mehlbutter zum Binden einrühren.

Linsesupp

1.

Die Linsen über Nacht in Wasser einweichen. Am Folgetag das Suppengemüse putzen bzw. schälen, waschen und in kleine Stücke schneiden. Die Zwiebel schälen und in kleine Würfel schneiden. Die Kartoffeln schälen, waschen und ebenfalls in kleine Würfel schneiden.

2.

Die eingeweichten Linsen abgießen und mit den Speckschwarten und der Zwiebel in der Brühe aufsetzen und 30 Minuten kochen lassen. Das Suppengemüse und die Kartoffeln in die Suppe geben und weitere 20 Minuten köcheln lassen. Abschließend mit Salz und Pfeffer abschmekken. Die Speckschwarte herausnehmen und die Würstchen kurz in der Suppe erwärmen. Die Suppe mit den Würstchen auf tiefe Teller portionieren und heiß zu Tisch bringen.

Für 4 Personen
Zubereitungszeit:
40 Minuten
(ohne Wartezeit)
Kochzeit: 50 Minuten

Zutaten
200 g Linsen
1 Bund Suppengemüse
1 Zwiebel
3–4 Kartoffeln
120 g Speckschwarten
1,5 L Fleisch- oder
Knochenbrühe
Salz
Pfeffer
8 Brühwürstchen

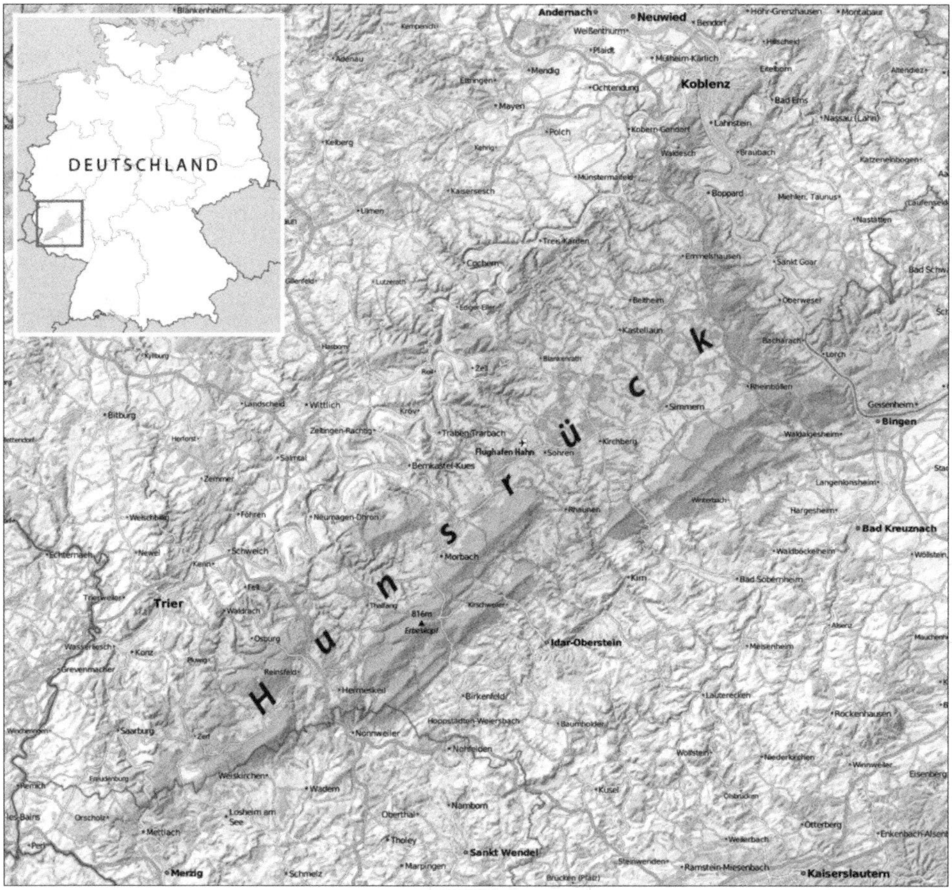
DEUTSCHLAND
Hunsrück
Andernach
Neuwied
Koblenz
Mayen
Boppard
Sankt Goar
Oberwesel
Bacharach
Kastellaun
Simmern
Bingen
Bad Kreuznach
Trier
Bitburg
Wittlich
Traben-Trarbach
Flughafen Hahn
Bernkastel-Kues
Morbach
Idar-Oberstein
Kirn
816m
Erbeskopf
Sankt Wendel
Merzig
Kaiserslautern

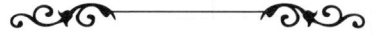

Der Hunsrück – eine Entdeckungsreise

Der Hunsrück ist eine von tiefen Wäldern und stillen Hochtälern durchflutete Hochebene und liegt im Herzen von Rheinland-Pfalz. Die Region liegt 200 bis 800 Meter über dem Meeresspiegel und wird von den Flüssen Rhein, Mosel und Nahe begrenzt.

Der etwa 4400 km² große Hunsrück kann auf eine bewegte und abwechslungsreiche Geschichte zurückblicken. Nachgewiesen ist, dass er bereits in der Jungsteinzeit besiedelt wurde.
Später, in der Eisenzeit, waren die Kelten hier zu Hause.
Der Hunsrück gehörte zu dieser Zeit zum Stammesgebiet der Treverer.

Dort, wo die Kelten zu Hause waren

Feldscheune bei Bell

Wagengrab von Bell (um 500 v. Chr.), 1938 beim Bau der Hunsrückhöhenstraße entdeckt. Die Funde aus dem Wagengrab werden im Rheinischen Landesmuseum in Bonn verwahrt. Eine Rekonstruktion des Grabes sowie Funde aus der Keltenzeit befinden sich im „Haus der regionalen Geschichte" in der neu aufgebauten Unterburg der Burg Kastellaun.

Waldalgesheimer Fürstengrab (um 330–320 v. Chr.), 1869 von dem Bauern Peter Heckert beim Ausheben einer Rübenmiete entdeckt. Das Fürstengrab, mit seinen kunstvollen Objekten wie Goldringe oder Bronzekanne, gilt als einer der bedeutendsten Funde der frühkeltischen Zeit, die heute im Rheinischen Landesmuseum in Bonn zu bewundern sind. Schmuckrepliken sind teilweise im Waldalgesheimer Rathaus zu bestaunen.

Ringwall von Otzenhausen, volkstümlich als „Hunnenring" bezeichnet, entstand im 5. bis 6. Jahrhundert v. Chr. Erfahren Sie über den

Otzenhausen, Keltischer Ringwall

Wanderweg (etwa 4,2 km) rund um die keltische Festungsanlage Interessantes über die Kelten, die kolossale Toranlage, den Mauerbau und die Besiedelung.

Höhensiedlung Altburg ist eine keltische Burganlage bei Bundenbach. Die Altburg ist auf einem etwa einen Hektar großen Plateau hoch über dem Hahnenbachtal gelegen. 1988 wurde hier ein Freilichtmuseum errichtet.

Auf Schusters Rappen den Römern auf der Spur

Die alten Römer durchzogen zwischen 50 v. Chr. und 400 n. Chr. den Hunsrück und bauten weitverzweigte Straßen, welche die Städte Trier, Mainz, Bingen und Koblenz miteinander verbanden.

Die **Ausoniusstraße** (Via Ausonia) war eine römische Straße, die von Trier über den Hunsrück nach Bingen am Rhein führte. Heute ist dies ein erschlossener Wanderweg (gekennzeichnet durch ein weißes AU auf grünem Grund), der etwa 118 km lang über Feld- und Waldwege verläuft. Der Weg führt durch den Binger Wald und Teile des Großen Soons. Weiter geht es entlang der Simmerner Mulde und Idarwald in den großen Morbacher Forst. Dort trennt sich der Weg und führt einerseits direkt hinab ins Moseltal bei Piesport und andererseits durch die Täler von Dhron und Ruwer bis Trier. Auf beiden Seiten der Ausoniusstraße finden sich frühgeschichtliche Ruinenstätten, Grabhügel und Monumente. Museen mit keltischen und römischen Funden sowie der Archäologiepark Belginum machen die Wanderung zu einem wahren kulturellen Erlebnis.

Spuren des Mittelalters

In den Kriegsgeschehen des Mittelalters und der Frühen Neuzeit waren die Dörfer und Städte (1689 wurden Kirchberg, Kastellaun, Simmern sowie Stadt und Burg Stromberg in Brand gesetzt) immer wieder der Zerstörung unterworfen, was dazu führte, dass die Region nach dem Dreißigjährigen Krieg fast entvölkert war. Nachfolgend entstanden auf dem Hunsrück durch Bergbau und Verhüttung von Erzen erste industrielle Strukturen, überwiegend durch die Familien Hauzeur, Pastert und Stumm. Maßgeblich in der Eisenverarbeitung war die Familie Stumm.

Hinauf zur wunderbaren
Burgruine Kastellaun

Im Hunsrück gibt es etwa 60 Schlösser und Burgen aus dem Mittelalter. Dazu zählen u.a.:

Schloss Dhaun, in Hochstetten-Dhaun, im Jahr 1215 erstmals urkundlich als „castrum de Dune" (Burg auf der Höhe) erwähnt, kann von montags bis freitags besichtigt werden. Der Ortsteil und das

Schlossruine Dhaun und Dorf Scheuren, Stich von 1834

Schloss liegen hoch über dem Kellenbachtal. Erbauer der Burg waren Angehörige aus der Familie der Wildgrafen.

Ehrenburg, zwischen Buchholz an der Hunsrückhöhenstraße und Brodenbach an der Mosel, wurde 1161 erstmals urkundlich erwähnt. Die Burg ist heute ein Erlebnisraum für Musikliebhaber, Geschichtsinteressierte, Theaterfreunde und für die ganze Familie.

Burg Kastellaun, Baubeginn Anfang des 13. Jahrhunderts. Wie viele andere Burgen der Region wurde sie im Laufe des Pfälzischen Erbfolgekrieges Ende des 17. Jahrhunderts zerstört. Ganzjährlich bietet die Burg außer Gastronomie ein erlebensreiches Programm für die ganze Familie. In romantischer Szenerie werden Spiel, Abenteuer und Spaß geboten, aber auch viele historische Geheimnisse aus der Ritterzeit aufgedeckt.

Burg Thurant, ein weithin sichtbares Wahrzeichen über dem Ort Alken, ist eine der ältesten Burgen des Mosellandes. Von dem Pfalzgrafen Heinrich, ein Bruder König Ottos IV., 1197 erbaut, wurde die Burg 1209 auch urkundlich beglaubigt. Die Burg beherbergt heute ein Turmgasthaus.

Die Burg Thurant ist einer von vielen romantischen Orten an der Hunsrück-Seite der Mosel.

Eine erlebnisreiche Urlaubsregion

Neben seinen historischen Sehenswürdigkeiten bietet der Hunsrück allerlei Abwechslungsreiches für den Besucher. Die Urlaubsregion zwischen Mosel und Rhein verfügt über wunderschöne Wanderwege, erlebnisreiche Radrouten, komfortable Unterkünfte und kulinarische Einkehrmöglichkeiten.

Mit Saar-Hunsrück-Steig, Soonwaldsteig oder Traumschleifen Saar-Hunsrück gibt es hier einige der schönsten Wanderwege in Deutschland, wo der Wanderfreund mit atemberaubenden Naturschönheiten und überwältigenden Ausblicken belohnt wird.

Auch eine Wanderung durch das romantische Ehrbachtal mit der Ehrbachklamm ist ein unvergessliches Erlebnis.

Zahlreiche Radreisen bzw. Radfahrangebote locken mit ihren jeweiligen Touren Bewegungsfreudige an. Zu nennen ist hier zum Beispiel der Hunsrück-Radweg. Diese erlebnisreiche Radroute, von der Saar durch die erholsame Hunsrück-Natur zum Rhein, erstreckt sich über die gesamte Hunsrück-Region und bietet Radfahrern (je nach körperlicher Fitness) die passenden Etappen. Entlang dieses Naturerlebnisses gibt es zahlreiche Möglichkeiten zum Einkehren und Übernachten.

Wasserfall in der Ehrbachklamm

Der sog. Hunsrückdom - Ravengiersburg

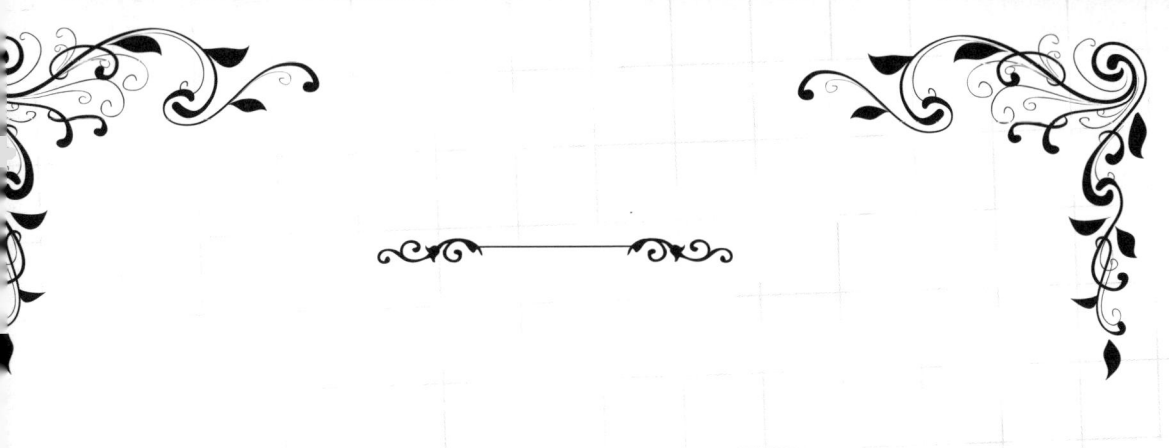

Kartoffel- und Gemüsegerichte

Gerichte wie Schlabberkappes oder Schales sind typische Speisen für die Region Hunsrück. Gerade bei den Kartoffel- und Gemüsegerichten ist die kulinarische Tradition erkennbar. Deftige und einfache „Hausmannskost", die schmeckt.

schlabberkappes

Für 4 Personen

Zubereitungszeit:
40 Minuten
Kochzeit: 40–50
Minuten

1.

Schweinebauch unter fließendem Wasser waschen und trockentupfen. 2 Esslöffel Butterschmalz in einem Topf erhitzen und das Fleisch darin rundum anbraten. Die Gemüsebrühe angießen, Salz und Pfeffer dazugeben und zum Kochen bringen. Die Zwiebeln schälen, würfeln und die Hälfte zum Fleisch geben. Das Ganze bei mäßiger Hitze 40–50 Minuten köcheln lassen.

2.

Zwischenzeitlich den Weißkohl vierteln, vom Strunk befreien, in Streifen schneiden, waschen und gut abtropfen lassen. Die Kartoffeln schälen, waschen und in Würfel schneiden. Restliches Butterschmalz in einem Topf erhitzen und den Weißkohl mit den Kartoffeln darin kurz anschwitzen. Die übrigen Zwiebeln dazugeben und ebenfalls anschwitzen. Von der Fleischbrühe 1 Liter abmessen und das Gemüse damit ablöschen. Das Ganze mit Salz, Pfeffer, Muskat und Kümmel abschmecken und bei mäßiger Hitze 20–25 Minuten köcheln lassen.

schlabberkappes

3.

Das Fleisch aus dem Sud nehmen, abtropfen lassen, in mundgerechte Würfel schneiden und unter den Kohl mischen. Den Schlabberkappes nochmals kräftig abschmecken, auf tiefen Tellern portionieren und sofort servieren.

zutaten
800 g Schweinebauch
4 EL Butterschmalz
2 L Gemüsebrühe
Salz
Pfeffer
2 Zwiebeln
1 großer Weißkohl
200 g Kartoffeln
Muskat
½ TL Kümmelsamen

Erbspüree

1.

Die Erbsen über Nacht in Wasser einweichen. Am Folgetag die Erbsen in dem Einweichwasser etwa 40 Minuten weich kochen lassen. Währenddessen die Zwiebeln schälen und in feine Ringe schneiden. Den Speck in kleine Würfel schneiden.

2.

Die Erbsen abgießen, anschließend durch ein Sieb streichen, salzen und mit der Butter verfeinern. Den Speck in einer Pfanne anrösten, die Zwiebelringe dazugeben und das Ganze goldgelb rösten.

Das Erbspüree auf Tellern anrichten und mit Röstzwiebeln und den Speckwürfeln garnieren.

Für 4 Personen
Zubereitungszeit:
20 Minuten
(ohne Wartezeit)
Kochzeit: 40 Minuten

Zutaten
250 g getrocknete
gelbe Erbsen
3 Zwiebeln
100 g Speck
Salz
1 EL Butter

Broodgrumbiere

Für 4 Personen

Zubereitungszeit:
20 Minuten
Kochzeit: 20–25
Minuten

Zutaten
1 kg Kartoffeln
3 Zwiebeln
Öl
Salz
Pfeffer
1 EL gehackte
Petersilie
1 EL Schnittlauch-
röllchen

1.

Die Kartoffeln schälen, waschen und in dünne Scheiben schneiden. Die Zwiebeln schälen und in feine Ringe schneiden. Reichlich Öl in einer Pfanne erhitzen und die Kartoffelscheiben im heißen Fett kurz anbraten, dann den Deckel auflegen und die Hitze reduzieren.

2.

Nach etwa 10 Minuten den Deckel entfernen und die Zwiebeln dazugeben. Die Hitze wieder erhöhen und die „Broodgrumbiere" weitere 10–15 Minuten braten, bis alles schön braun ist. Die Kartoffeln müssen dabei öfters gewendet werden. Abschließend mit Salz und kräftig mit Pfeffer würzen.

Vor dem Anrichten gehackte Petersilie und Schnittlauch unterziehen. Bratkartoffeln schmecken zu allen Fleisch- und Fischgerichten.

> **Tipp:**
> Wenn Sie mögen, können Sie auch Speckwürfel mit den Kartoffeln braten.

Schales

1.

Den Speck in Würfeln schneiden und mit etwas Schmalz in der Pfanne anrösten. Die Kartoffeln schälen, waschen und reiben (wie Reibekuchen). Die Kartoffelmasse mit den Eiern verrühren und mit Salz und Pfeffer würzen.

2.

Das übrige Schmalz in einem gusseisernen Bräter erhitzen und die Kartoffelmasse und den Speck einfüllen. Im Backofen bei 190 °C etwa 1–1 ½ Stunden garen. Schales aus dem Ofen nehmen, portionsweise auf flachen Tellern anrichten und traditionell, wie im Hunsrück üblich, mit Apfelkompott servieren.

Tipp:
Schales, auch Polster oder Dibbekuchen genannt, kann vielseitig zubereitet werden. Sie können zum Bespiel auch Dörrfleisch, Leberwurst und Zwiebeln unter die Kartoffelmasse geben. Wenn Sie keinen gusseisernen Bräter haben, können Sie auch eine Auflaufform verwenden. Übrig gebliebener Schales am nächsten Tag in Scheiben schneiden und in Butter anbraten – das schmeckt hervorragend!

Für 4 Personen
Zubereitungszeit:
20 Minuten
Kochzeit: 1–1 ½ Stunden

Zutaten
400 g Speck
200 g Schweineschmalz
1 kg Kartoffeln
2 Eier
Salz
Pfeffer

Gefüllte Grumbiereklees

Für 4 Personen

Zubereitungszeit:
40 Minuten
Kochzeit:
20–30 Minuten

1.

Die rohen Kartoffeln waschen, schälen und in eine Schüssel reiben. Die Kartoffelmasse in einem Küchentuch sehr fest in eine Schüssel auspressen. Der Kartoffelsaft wird nicht benötigt, die abgesetzte Kartoffelstärke wieder zu der Kartoffelmasse geben. Die gekochten Kartoffeln durch die Kartoffelpresse drücken und zu den rohen Kartoffeln geben. Mit Salz, Pfeffer und Muskat würzen und gut miteinander vermischen.

2.

Für die Füllung die Zwiebel schälen, in kleine Würfeln schneiden. Das Hackfleisch in eine Schüssel geben und mit Zwiebel, Leberwurst und Eiern vermischen, mit Salz, Pfeffer und Majoran würzen.

Aus dem Fleischteig etwa 8 cm große Klöße formen. Darüber den Kartoffelteig geben, sodass die Fleischklöße vollständig umschlossen sind. Dann schöne runde Klöße formen.

Gefüllte Grumbiereklees

3.

In einem großen Topf Salzwasser zum Kochen bringen und die Klöße darin kurz aufkochen. Die Hitze reduzieren und die Grumbiereklees etwa 20–30 Minuten ziehen lassen. Wenn die Klöße sich unten absetzen, sind sie gar.

4.

In einer Pfanne die Butter auslassen und die Weißbrotwürfel darin goldgelb rösten. Die Klees aus dem Wasser heben, abtropfen lassen, auf Tellern anrichten und die Weißbrotwürfel darüber verteilen. Dazu einen grünen Salat servieren.

Zutaten
Für die Kartoffelklöße
1 ½ kg rohe Kartoffeln
600 g gekochte Pellkartoffeln (vom Vortag)
Salz
Pfeffer
Muskat

Für die Füllung
1 Zwiebel
1 kg Rinderhackfleisch
75 g Leberwurst
4 Eier
1 TL Majoran, getrocknet

Außerdem
1 EL Butter
4 Scheiben Weißbrot, gewürfelt

Grumbierwaffele

Für 4 Personen

Zubereitungszeit:
30 Minuten
Kochzeit:
einige Minuten

Zutaten
1 kg Kartoffeln
200 g Dörrfleisch
2 Zwiebeln
200 g Mehl
4 Eier
Salz
Pfeffer
Muskat

Außerdem
Speckschwarte,
oder etwas Öl zum
Einfetten des
Waffeleisens

1.

Die Kartoffeln schälen, waschen, reiben und etwas stehen lassen. Die Kartoffelmasse mit den Händen etwas ausdrücken, damit der spätere Kartoffelteig nicht zu flüssig wird.

Das Dörrfleisch in kleine Würfel schneiden. Die Zwiebeln schälen und in sehr feine Würfel schneiden.

2.

Alle Zutaten miteinander verrühren. Das Waffeleisen einfetten und den Kartoffelteig mit Hilfe eines Schöpflöffels in die Mitte geben und die Backflächen zusammendrücken.

Die knusprig goldbraunen Grumbierwaffele als Beilage zu Fleischgerichten servieren, oder als Hauptmahlzeit mit einem frischen Salat.

Stampes mit speckgriebcher

1.

Die Kartoffeln schälen, waschen, in kleine Stücke schneiden und in Salzwasser gar kochen.

Die Kartoffeln abgießen und mit dem Kartoffelstampfer fein stampfen.

2.

In einem Topf die Milch mit Salz und Butter zum Kochen bringen und mit einem Schneebesen nach und nach kräftig unter die Kartoffelmasse schlagen. Der Brei muss sämig und locker werden. Kartoffelbrei in eine Schüssel füllen.

Die Speckwürfel in einer Pfanne knusprig braun auslassen und über dem Stampes verteilen.

Für 4 Personen
Zubereitungszeit:
15 Minuten
Kochzeit: 25 Minuten

Zutaten
1 kg Kartoffeln
Salz
500–750 ml Milch
50 g Butter
150 g Speckwürfel

Tipp:
Sehr gut schmeckt dieses Gericht auch mit Röstzwiebeln.

45

Grumbier-pannekuche

Für 4 Personen

Zubereitungszeit:
15 Minuten
Kochzeit:
einige Minuten

Zutaten

2 kg Kartoffeln
3 Zwiebeln
1 Lauchstange
3 Eier
Salz
Pfeffer
Muskat
Öl

1.

Die Kartoffeln schälen, waschen und reiben. Die Kartoffelmasse mit den Händen etwas ausdrücken. Die Zwiebeln schälen und in sehr feine Würfel schneiden. Lauch von den äußeren Blättern befreien, in sehr feine Ringe schneiden, waschen und gut abtropfen lassen.

2.

Kartoffeln, Zwiebeln, Porree miteinander vermischen und mit Salz, Pfeffer und Muskat kräftig würzen.

Zum Ausbacken reichlich Öl in einer Pfanne erhitzen und mit einem Schöpflöffel den Teig portionsweise darin auf beiden Seiten knusprig braun braten. Weiter so verfahren, bis der Kartoffelteig aufgebraucht ist. Fertige Grumbierpannekuche bis zum Verzehr warm halten.

Dazu isst man im Hunsrück Apfelmus oder serviert die Pannekuche zu Suppen aus Hülsenfrüchten.

Pellkartoffeln mit Zwieweltunke

1.

Die Kartoffeln wie gewohnt in der Schale zu Pellkartoffeln gar kochen. Die Zwiebeln schälen und in kleine Würfel schneiden.

2.

Die Butter in einem Topf auslassen und die Zwiebelwürfel darin kräftig anrösten. Das Mehl darüberstäuben und ebenfalls kurz anrösten. Das Ganze mit Rahm ablöschen, mit Zucker, Salz und Pfeffer würzen und einige Minuten köcheln lassen.

Währenddessen die Kartoffeln abgießen, kalt abschrecken und pellen. Die Kartoffeln in eine Servierschüssel geben und mit der Zwieweltunke servieren. Dazu zum Beispiel einen Rettich- oder Bettseichersalat servieren.

Für 4 Personen

Zubereitungszeit:
15 Minuten
Kochzeit: 30 Minuten

Zutaten
1 kg Kartoffeln
2 große Zwiebel
60 g Butter
60 g Mehl
500 ml Rahm, oder
Sahne
1 Prise Zucker
Salz
Pfeffer

Quer durch de Gaade

Für 4 Personen

Zubereitungszeit:
30 Minuten
Kochzeit:
40 Minuten

Zutaten

1 Lauchstange
2 Möhren
1 Kohlrabi
200 g Rosenkohl
200 g grüne Bohnen
200 g grüne Erbsen
2 Zwiebeln
2 EL Butterschmalz
500 g Rindergulasch
Salz
Pfeffer
Muskat
1–2 Kartoffeln

1.

Sämtliches Gemüse putzen bzw. schälen, waschen und abtropfen lassen. Lauch in feine Ringe, Möhren und Kohlrabi in kleine Stücke schneiden. Zwiebeln schälen und in grobe Stücke schneiden.

2.

Das Butterschmalz in einem weiten Topf auslassen und das Fleisch darin von allen Seiten etwa 5 Minuten anbraten. Möhren, Kohlrabi, Rosenkohl, Bohnen und Zwiebeln dazugeben. Das Ganze gut anschmoren. Mit Salz, Pfeffer und Muskat würzen, mit heißem Wasser auffüllen und 20 Minuten köcheln lassen.

3.

Dann Lauch und Erbsen dazugeben und erneut mit heißem Wasser auffüllen, sodass alle Zutaten bedeckt sind. Weitere 15 Minuten garen lassen. Die Kartoffeln schälen, waschen und zum Binden in den Eintopf reiben und noch einmal aufkochen lassen. Quer durch de Gaade ganz rustikal im Topf zu Tisch bringen und mit einem herzhaften Brot servieren.

Tipp:
Rosenkohl, Bohnen und Erbsen können Sie auch als Tiefkühlprodukt verarbeiten.

Moede un Klees

Für 4 Personen

Zubereitungszeit:
50 Minuten
Kochzeit:
30 Minuten

1.

Möhren schälen, waschen und in Würfel schneiden. Lauch putzen, in feine Ringe schneiden, waschen und abtropfen lassen. Die Zwiebel schälen und in kleine Würfel schneiden.

2.

In einem breiten Topf 1 Esslöffel Butter auslassen und die Zwiebeln darin glasig andünsten. Die Möhren mit dem Lauch dazugeben, mit Fleischbrühe auffüllen und mit Salz, Pfeffer und Zucker würzen. Das Ganze etwa 10 Minuten köcheln lassen.

3.

Für die Klöße die geschälten Pellkartoffeln fein reiben und mit den Eiern und dem ausgedrückten Brötchen zu einem glatten, nicht klebenden Teig verarbeiten (sollte der Teig kleben, etwas Mehl hinzufügen). Mit Salz, Pfeffer und Muskatnuss würzen.

Moede un Klees

4.

Mit nassen Händen Klöße formen (etwa 8 Stück) und auf die halb gegarten Möhren legen. Das Ganze etwa 15 Minuten bei geringer Hitze und geschlossenem Topf ziehen lassen. Während dieser Zeit die Klöße vorsichtig einmal wenden. Vor dem Servieren die übrige Butter in einer kleinen Pfanne bräunen, über die Klöße und die Möhren gießen und mit der Petersilie bestreut servieren. Dazu schmeckt Rauchfleisch, Kasseler oder Kotelett.

> *Tipp*:
> Achten Sie bei der Zubereitung auf ausreichend Flüssigkeit. Ggf. noch etwas Brühe nachgießen.

Zutaten

1 kg Möhren
1 Lauchstange
1 Zwiebel
3 EL Butter
500 ml Fleischbrühe
Salz
Pfeffer
1 Prise Zucker
10 große Pellkartoffeln, vom Vortag
2 Eier
1 in Milch eingeweichtes, altbackenes Brötchen
Muskatnuss
Eventuell etwas Mehl
1 EL gehackte Petersilie

Dicke Bohnen mit Speck

1.

Die Bohnen aus den Schoten lösen, waschen und abtropfen lassen. Die Zwiebel schälen und würfeln. Bohnenkraut waschen und trockentupfen. 1 Bund klein hacken.

Das Butterschmalz in einem weiten Topf auslassen und die Zwiebel darin goldgelb anrösten. Das Bauchfleisch dazugeben, mit 500 ml heißem Wasser aufgießen und etwa 45 Minuten garen. Die Bohnen mit dem ganzen Bohnenkraut dazugeben und das Ganze weitere 10 Minuten köcheln lassen. Die Bohnen in einem Sieb abgießen, den Kochsud auffangen und beiseitestellen. Das Bauchfleisch aus dem Topf nehmen, in Scheiben schneiden und warm halten, Bohnenkraut entfernen.

2.

Die Butter in einem Topf auslassen, das Mehl dazugeben, anrösten und mit dem Kochsud nach und nach ablöschen, dabei kräftig mit dem Schneebesen rühren. Die helle Mehlschwitze etwa 5 Minuten köcheln lassen, die Sahne unterrühren, die Bohnen und das kleingehackte Bohnenkraut dazugeben, unterrühren und kurz erwärmen. Die Bohnen in eine Servierschüssel füllen und die Speckscheiben dazu reichen. Mit Salzkartoffeln servieren.

Für 4 Personen
Zubereitungszeit:
30 Minuten
Kochzeit: 55 Minuten

Zutaten
1–1 ½ kg dicke Bohnen
1 große Zwiebel
2 Bund Bohnenkraut
1 EL Butterschmalz
600 g Bauchfleisch
1 EL Butter
30 g Mehl
125 ml Sahne

53

Grünkohl Hunsrücker Art

Zubereitungszeit:
40 Minuten
Kochzeit: 70 Minuten

Zutaten
2 kg Grünkohl
Salz
2 Zwiebeln
50 g Butterschmalz
Salz
Pfeffer
1 Prise Zucker
750 ml Fleischbrühe
40 g Butter
30 g Mehl
6–8 Mettwürstchen

1.

Den Grünkohl putzen, gründlich waschen und in kochendem Salzwasser 10 Minuten ziehen lassen. Den Kohl herausnehmen, abtropfen und etwas abkühlen lassen und grob hacken. Die Zwiebeln schälen und in feine Würfel schneiden.

2.

Das Schmalz in einem Topf erhitzen und die Zwiebeln darin leicht anrösten, den Grünkohl dazugeben und mit Salz, Pfeffer und Zucker würzen. 500 ml Fleischbrühe dazugeben und etwa 60 Minuten kochen lassen.

3.

Die Butter in einem Topf zerlassen, das Mehl zugeben, leicht anschwitzen und die restliche Fleischbrühe dazugeben und unter Rühren 5 Minuten kochen lassen. Die Mehlschwitze zu dem Kohl geben und unterrühren. Die Mettwürste auf dem Kohl legen und 10 Minuten erhitzen. Grünkohl mit Salzkartoffeln servieren.

Schnittlauch-salat mit Pell-kartoffeln

Für 4 Personen
Zubereitungszeit:
10 Minuten
(ohne Wartezeit)
Kochzeit: 25 Minuten

1.

Die Eier in ausreichend Wasser in 8 Minuten hart kochen. Abschrecken, pellen und vierteln.

Schnittlauch waschen, trockentupfen und in feine Röllchen schneiden. Schalotte und Knoblauchzehe pellen und in kleine Würfel schneiden.

Zutaten
5 Eier
5 Bund Schnittlauch
1 Schalotte
1 Knoblauchzehe
250 ml saure Sahne
6 EL Weinessig
3 EL Öl
Salz
Pfeffer
1 kg Kartoffeln

2.

Saure Sahne mit Essig, Öl, Salz und Pfeffer verrühren. Schnittlauch, Eier, Zwiebeln und den Knoblauch dazugeben, gut vermischen und 30 Minuten durchziehen lassen.

Währenddessen die Kartoffeln waschen und in der Schale zu Pellkartoffel gar kochen. Abgießen, kalt abschrecken und pellen. Die warmen Kartoffeln in eine Schüssel füllen und mit dem Schnittlauchsalat servieren.

Zwiebelkuchen

Für 4 Personen

Zubereitungszeit:
25 Minuten
Kochzeit:
35–40 Minuten

Zutaten

1 kg Zwiebeln
200 g Speck
10 EL Öl
125 ml Fleischbrühe
200 g geriebener Käse
125 ml Sahne
Salz
Pfeffer
400 g Mehl
1 Würfel Hefe
1 Prise Zucker
2 EL Paniermehl

Außerdem
Butter zum Einfetten
der Fettpfanne

1.

Die Zwiebeln schälen und in Ringe schneiden. Den Speck würfeln oder in Streifen schneiden. Etwas Öl in einer Pfanne erhitzen und Speck und Zwiebeln darin andünsten. Mit der Fleischbrühe ablöschen und 15 Minuten schmoren lassen. Die Pfanne von der Herdplatte ziehen und die Masse abkühlen lassen.

2.

Den Käse mit der Sahne verrühren, mit Salz und Pfeffer abschmecken. Aus Mehl, Hefe, Zucker und dem restlichen Öl einen nicht zu festen Hefeteig zubereiten (wenn der Teig zu fest ist, etwas Wasser hinzugeben), sofort in der Fettpfanne des Backofens ausrollen und einen kleinen Rand hochziehen.

3.

Den Teig mit Paniermehl bestreuen, die Zwiebelmasse darauf verteilen, Käsesahne darübergeben und in den kalten Backofen setzen. Bei 200 °C 35–40 Minuten backen. Vor dem Servieren 5 Minuten im warmen Ofen ruhen lassen. Zwiebelkuchen mit einem grünen Salat servieren.

Schloss Simmern in einer Darstellung von Merian aus dem Jahre 1648

Entdecken Sie die Städte und schönen Orte

Simmern

Der Fremdenverkehrsort Simmern hat viele Gesichter. Bereits in der Römerzeit besiedelt, ist Simmern Zeuge einer bewegten Vergangenheit und kulturelles Erbe der Simmerner Herzöge. Die Geschichten um den berühmten Räuberhauptmann „Schinderhannes", der in der Region sein Unwesen trieb, sind im Hunsrück-Museum Simmern in einer Ausstellung zu erfahren.

Zu seiner Zeit als Räuber und Mörder gefürchtet, wurde der Gesetzlose durch das Theaterstück von Carl Zuckmayer und vor allem durch die tränenreiche Verfilmung seiner Lebensgeschichte unter der Regie von Helmut Käutner zur Legende.

Schinderhannes im Jahr 1797, Statue, Schinderhannesturm Simmern

Heute „verdient" sich der Schinderhannes in der Region als Werbeträger. Großer Beliebtheit erfreut sich unter anderem der Schinderhannes-Radweg, der von Emmelshausen über Kastellaun nach Simmern führt. Abseits von verkehrsreichen Straßen führt dieser Radweg durch herrliche Landschaften über die Hunsrückhöhen, ausnahmslos auf asphaltierten Wegen. Die Strecke ist eben und deshalb besonders geeignet für Freizeitradler und Familien mit Kindern.

Urlaubern erschließt sich eine Vielzahl von Hotels, Pensionen und Ferienwohnungen. Das kulturelle Leben in Simmern ist abwechslungsreich und vielseitig, so dass jeder auf seine Kosten kommt.

Simmern, Innenstadt

Moritatentafel aus dem Leben des Schinderhannes

Historische Abbildung im Schinderhannesturm

Schinderhannes, Räuberbrot-Verpackung

In der Altstadt von Kastellaun

Kastellaun

In der Ferienregion Kastellaun kann man entspannen und die Seele baumeln lassen. Neben Naturpfaden und Radwegen ist die Traumschleife Baybachklamm einer der höchsten zertifizierten Premiumwege in der Region Kastellaun, für Bewegungsfreudige besonders interessant. Hier erwartet Sie eine abenteuerliche Höhen- und Klammwanderung, hoch aufragende Felsen und steile Pfade in herrlicher Natur fernab von Dorf und Stadt.

Die Altstadt von Kastellaun, mit der Sponheimer Burg, ist ein Juwel im Hunsrück. Die Burg diente zeitweise als Residenz der Grafen von Sponheim und hatte großen Einfluss auf die Stadtentwicklung. Interessierte können die Burgstadt auf unterhaltsamen Stadtführungen kennenlernen und diese zum Beispiel mit einem urigen Kerkeressen im Burgkeller enden lassen. Naturfreunde finden im Natur-Erlebnispark in Kastellaun viel Abwechslung. Auf dem Barfußpfad, im Maisfeldirrgarten oder dem Hochseilgarten werden Sinne und Körper angeregt. Hallenbad, Minigolfanlage, Erlebnisspielplatz am See bieten weitere Freizeitgestaltungen für die ganze Familie.

Auf der Burgruine in Kastellaun

Kirchberg

Die „Stadt auf dem Berg" hat ihren ursprünglichen Charme bewahrt. Neben idyllischen Fachwerkhäusern sind viele Baudenkmäler Zeugen einer reichen und bewegten Vergangenheit. Gepflegte Rad- und Wanderwege und eine ökologisch wertvolle Parkanlage lassen Sportlerherzen höherschlagen. Ein Hallen- und Freibad und viele andere Freizeitangebote lassen keine Langeweile bei Jung und Alt aufkommen.

Kirchberg, Apotheke und Jägerhof in der Nachkriegszeit

Emmelshausen

Staatlich anerkannter Luftkurort, verwöhnt seine Gäste mit einem reichen Kultur-
und Freizeitangebot und lädt zum Erleben und Genießen ein. Etwa 100 Vereine
in Emmelshausen sind verantwortlich für Spaß und Unterhaltung in Form von
Heimatfesten und Veranstaltungen. Hier ist geselliges Miteinander und
Brauchtumspflege zu Hause. Im kulturellen Bereich ist die Verbandsgemeinde
Emmelshausen ein Mittelpunkt im gesamten Rhein-Mosel-Dreieck.

Rheinböllen

Das „Tor zum Hunsrück" liegt im südöstlichen Teil des Hunsrücks, südwestlich
des Mittelrheins. Der Fremdenverkehrsort besticht durch seine landschaftlich reiz-
volle Lage zwischen Binger Wald und Soonwald. Im Hochwildschutzpark, der
ganzjährig geöffnet ist, sind Luchse, Braunbären, Polarwölfe, Muffelwild und viele andere Tiere zu bestaunen.

Rheinböllen friedlich in der Weite des Hunsrück

Fleisch- und Wurstgerichte

Die folgenden Fleisch- und Wurstgerichte sind im Hunsrück nicht wegzudenken. Herzhaft „geht" es zu bei Leberworscht, Gräwes oder Kappesrouladen. Die folgenden Gerichte sind sicher und zum Glück kein „Schicki-Micki", aber so was von lecker, dass Sie diese bestimmt öfter zubereiten werden.

Himmel und Erde nach Hunsrücker Art

Für 4 Personen
Zubereitungszeit:
25 Minuten
Kochzeit:
etwa 35 Minuten

1.

Die Kartoffeln waschen und in der Schale wie gewohnt zu Pellkartoffeln gar kochen. Die Kartoffeln kalt abschrecken, pellen, vollständig erkalten lassen und anschließend in nicht zu feine Scheiben schneiden.

2.

Die Zwiebel schälen und in feine Ringe schneiden. Die Blutwurst von der Pelle befreien und in etwa 1 cm dicke Scheiben schneiden. Öl und Butter in einer weiten Pfanne erhitzen und die Zwiebelringe darin kräftig anrösten. Die Kartoffeln dazugeben und bei mittlerer Hitze etwa 5 Minuten braten, dabei hin und wieder wenden.

Himmel und Erde nach Hunsrücker Art

3.

Die Blutwurstscheiben dazugeben und das Ganze etwa 3–4 Minuten knusprig braten lassen. Dabei darauf achten, dass die Wurstscheiben nicht zu sehr zerfallen. Mit Salz und Pfeffer würzen. Bratkartoffel mit Blutwurst auf Tellern portionieren und mit der Kresse garniert servieren.

> **Tipp:**
> Sie können die Blutwurstscheiben auch separat braten und diese anschließend auf den Bratkartoffeln verteilen.

Zutaten

800 kg Kartoffeln
1 Zwiebel
400 g Blutwurst
2 EL Öl
1 EL Butter
Salz
Pfeffer
1 EL frische
Gartenkresse

Grumbiereworscht

Für 4 Personen
Zubereitungszeit:
25 Minuten
Kochzeit:
etwa 80 Minuten

Zutaten
1 kg Schweinebauch
800 g Kartoffeln
5 Zwiebeln
getrockneter
Majoran, Menge
nach Geschmack
getrocknetes
Bohnenkraut,
Menge nach
Geschmack
Salz
Pfeffer

1.

Das Fleisch in ausreichend Wasser in etwa 50–60 Minuten gar kochen. Die Kartoffeln schälen, waschen und mit den geschälten Zwiebeln durch die mittlere Scheibe des Fleischwolfs drehen.

2.

Das Fleisch klein schneiden und ebenfalls durch den Fleischwolf drehen. Die Wurstmasse mit allen anderen Zutaten verrühren bzw. abschmecken.

Den Wurstteig auf ein gefettetes Backblech streichen und bei 180 °C etwa 20 Minuten knusprig braun im Ofen backen lassen. Die Grumbiereworscht aus dem Backofen schmeckt hervorragend zu Bratkartoffeln mit Sauerkraut.

Tipp:
Die Grumbiereworscht können Sie auch mit Dörrfleisch, Rindfleisch und Schweinefleisch gemischt zubereiten.
Die Grumbiereworscht kann auf vielseitige Weise zubereitet werden. Man kann sie auch in Därme füllen (Därme beim Metzger vorbestellen) und 2 Stunden in heißem Wasser sieden (nicht kochen, sonst platzt der Darm) lassen. Genau so einfach wie die Zubereitung auf dem Backblech ist es, die fertige Masse in Einkochgläser zu füllen und einzukochen. Dadurch ist die Wurst auch länger haltbar und Sie können einen Vorrat anlegen.

Pellgrumbiere mit Leberworschtsauce

1.

Die Kartoffeln waschen und in der Schale wie gewohnt
zu Pellkartoffeln gar kochen. Die Zwiebeln schälen und in
kleine Würfel schneiden. Den Speck ebenfalls würfeln. Die
Leberwurst etwas klein schneiden.

2.

Den Speck mit den Zwiebeln ohne weitere Fettzugaben in
einer Pfanne auslassen. Die Leberwurst zugeben, schmelzen
lassen, 250 ml heißes Wasser zugeben, das Mehl unterrühren
und das Ganze etwa 10 Minuten einköcheln lassen. Mit Salz
und Pfeffer würzen. Die Pellkartoffeln mit kaltem Wasser
abschrecken, pellen und mit der Leberwurstsoße zu Tisch
bringen.

Für 4 Personen
Zubereitungszeit:
40 Minuten
Kochzeit:
etwa 10 Minuten

Zutaten
1 kg Kartoffeln
2–3 Zwiebeln
250 g Speck
600 g Leberwurst
2–3 EL Mehl
Salz
Pfeffer

Leberworscht

Für 4 Personen

Zubereitungszeit:
35 Minuten
Kochzeit:
etwa 2 Stunden

Zutaten

2 kg durchwachsenes
Schweinefleisch
Salz
2 große Zwiebeln
1 EL Butter
1 kg Rinderleber
Pfeffer
getrockneter Majoran
getrockneter Thymian
Gewürznelkenpulver

Außerdem
10–12 Schraubgläser,
je nach Größe auch
mehr oder weniger

1.

Das Schweinefleisch in grobe Stücke schneiden, in kochendes Salzwasser geben und darin etwa 40 Minuten köcheln lassen. Die Zwiebeln schälen und in grobe Stücke schneiden. Die Butter in einer Pfanne auslassen und die Zwiebeln darin glasig anrösten. Das Fleisch aus dem Topf nehmen und abkühlen lassen. Die Leber waschen, trockentupfen, von den weißen Häuten und Sehnen befreien und in Stücke schneiden.

2.

Das Fleisch mit der Leber und den Zwiebeln durch den Fleischwolf (3-mm-Scheibe) drehen. Die Fleischmasse mit Salz, Pfeffer, Majoran, Thymian und Gewürznelkenpulver nach Belieben würzen. Das Ganze kräftig vermengen. Eventuell etwas von dem Fleischsud zugeben, wenn die Masse zu fest ist. Den Backofen auf 150 °C vorheizen.

3.

Die Leberwurst etwa 1–2 cm unter den Glasrand der Schraubgläser füllen, auf ein mit Wasser aufgefülltes Backblech stellen und im Backofen etwa 75 Minuten garen. Den Backofen ausschalten und die Gläser zuerst im Ofen abkühlen lassen, erst danach herausnehmen. Die Leberworscht schmeckt besonders gut auf einem herzhaften Brot.

Tipp:
Um die Würzung der Wurstmasse zu prüfen, braten Sie etwas in einer Bratpfanne kurz an, ggf. würzen Sie nach.

Hackfleisch-kiechelcher

1.

Die Brötchen in der Milch einweichen.
Die Zwiebeln schälen und in kleine Würfel schneiden.
Knoblauch pellen und durch die Knoblauchpresse drücken.

2.

Das Hackfleisch in eine Schüssel geben. Die Brötchen ausdrük-
ken und mit Ei, Zwiebeln, Knoblauch, Salz, Pfeffer und
Majoran dazugeben und das Ganze gut miteinander mischen.
Aus der Fleischmasse Frikadellen von gleicher Größe formen.

3.

Das Öl in einer weiten Pfanne erhitzen und die Kiechelcher
darin etwa 20 Minuten (mehr oder weniger, je nach Dicke)
von beiden Seiten knusprig braun braten. Die Hackfleischkiechelcher zum Bespiel mit Broodgrumbiere servieren.

Für 4 Personen

Zubereitungszeit:
15 Minuten
Kochzeit:
etwa 20 Minuten

Zutaten
2 Brötchen
200 ml Milch
2 Zwiebeln
2–3 Knoblauchzehen
800 g gemischtes
Hackfleisch
(Rind und Schwein)
1 Ei
Salz
Pfeffer
getrockneter
Majoran
Öl zum Braten

75

Hunsrücker Spießbraten vom Blech

Für 4 Personen

Zubereitungszeit:
25 Minuten
Kochzeit:
etwa 75 Minuten

1.

Von dem Schweinerollbraten die Kordel entfernen und das Fleisch aufrollen. Den Speck in Würfel oder Streifen schneiden. Die Zwiebeln schälen und in Ringe schneiden.

2.

Das Fleisch etwas klopfen, mit Salz, Pfeffer und Majoran würzen, mit Speck und Zwiebeln belegen und wieder aufrollen. Anschließend mit der Fleischkordel erneut zu einem Braten zusammenbinden. Die Fettpfanne des Backofens gut mit Öl einfetten und den Braten darauf setzen.

Im vorgeheizten Backofen bei 175 °C etwa 75 Minuten garen. Während dieser Zeit das Fleisch hin und wieder wenden und mit dem Bier (aber erst, wenn das Fleisch gebräunt ist) einpinseln.

Hunsrücker Spießbraten vom Blech

4.

Das Fleisch aus dem Ofen nehmen und kurz ruhen lassen. Die Fleischkordel entfernen und den Braten in Scheiben schneiden. Auf einer flachen Platte anrichten und mit der Petersilie bestreut servieren. Dazu schmecken Bratkartoffeln und Salat.

> **Tipp:**
> Damit der Zwiebelgeschmack intensiver auf das Fleisch übergeht, können Sie den Braten vor der Zubereitung über Nacht in den Kühlschrank stellen.

Zutaten
1 kg Schweinenacken, gerollt
150 g Speck
4 große Zwiebeln
Salz
Pfeffer
getrockneter Majoran
Öl
Helles Bier
1 EL gehackte Petersilie

Außerdem
Küchengarn

77

Kappesrouladen

Für 4 Personen

Zubereitungszeit:
40 Minuten
Kochzeit: etwa
40–50 Minuten

1.

Zum Lösen der Weißkohlblätter den Kohl in heißes Salzwasser legen und kurz darin ziehen lassen. Vorsichtig 10–12 Blätter von dem Strunk ablösen, gut trockentupfen und die dicken Blattrippen mit einem Messer keilförmig herausschneiden.

2.

Die Zwiebeln schälen, in kleine Würfel schneiden, die Hälfte zum Hackfleisch geben und mit Semmelbröseln, Eiern, Petersilie, Salz und Pfeffer gut verkneten.

3.

Jeweils 2–3 Kohlblätter zusammenlegen und die vorbereitete Hackfleischfüllung darauf verteilen. Blattränder einschlagen, Blätter aufrollen. Rouladen kreuzweise mit Küchengarn umwickeln.

4.

Das Schmalz in einem Bräter erhitzen und die Kohlrouladen darin rundum hellbraun anbraten. Die übrigen Zwiebeln dazugeben und kurz anrösten. Mit der Brühe ablöschen und bei geschlossenem Deckel bei mittlerer Hitze 40–50 Minuten schmoren.

Kappesrouladen

5.

Die Rouladen aus dem Topf nehmen und warm halten. Die Flüssigkeit erneut aufkochen lassen, Hitze reduzieren, Crème fraîche einrühren und 2 Minuten köcheln lassen. Mit Salz und Pfeffer abschmecken und mit der Mehlbutter binden. Die Kohlrouladen auf Tellern anrichten, mit etwas Soße begießen. Die übrige Soße separat reichen. Dazu Salzkartoffeln servieren.

Tipp:
Aus dem übrigen Weißkohl können Sie ganz einfach ein Gemüse zubereiten. Dazu den Kohl in Streifen schneiden (Strunk entfernen) und mit einer gewürfelten Zwiebel in Butterschmalz anrösten. Etwas Wasser oder Brühe angießen. Mit Kümmelsamen, Salz und kräftig mit Pfeffer würzen. Einige Minuten köcheln lassen und servieren.

Zutaten
1 Weißkohl
4 Zwiebeln
400–500 g Hackfleisch
4 EL Semmelbrösel
2 Eier
1 EL gehackte Petersilie
Salz
Pfeffer
2 EL Butterschmalz
300 ml Gemüsebrühe
100 ml Crème fraîche
Mehlbutter

Außerdem
Küchengarn

Rindsrouladen

Für 4 Personen

Zubereitungszeit:
25 Minuten
Kochzeit:
60 Minuten

1.

Die Gewürzgurken in kleine Scheiben schneiden. Die Zwiebeln schälen und in feine Ringe scheiden.

2.

Die Rinderrouladen waschen, trockentupfen, auf den Innenseiten salzen und pfeffern. Die Fleischscheiben mit dem Bratwurstbrät bestreichen, mit den Gurken, der Hälfte der Zwiebeln und etwas Petersilie belegen.

3.

Die Fleischscheiben aufrollen, mit Holzspießchen oder Küchengarn fixieren. Das Butterschmalz in einem Bräter erhitzen und die Rouladen mit den übrigen Zwiebeln darin von allen Seiten anbraten. Mit der Fleischbrühe ablöschen und bei mäßiger Hitze etwa 60 Minuten schmoren. Gegebenenfalls etwas Flüssigkeit nachgießen.

Rindsrouladen

4.

Nach Ende der Garzeit die Rouladen herausnehmen und warm stellen. Die Soße mit der Mehlbutter binden und die saure Sahne unterrühren. Gegebenenfalls mit Salz und Pfeffer nachwürzen. Vor dem Servieren die Holzspießchen bzw. das Küchengarn entfernen und die Rouladen auf flachen Tellern anrichten und mit der Soße separat servieren. Dazu Salzkartoffeln und Salat reichen.

Tipp:

Achten Sie bei Ihrem Einkauf darauf, dass die Rinderrouladen gleich groß sind. Unterschiedliche große Fleischstücke erfordern andere Garzeiten.

Zutaten

3 Gewürzgurken
2 Zwiebeln
4 Rinderrouladen
(oder mehr,
je nach Hunger)
Salz
Pfeffer
3 EL Bratwurstbrät
1 EL gehackte Petersilie
2 EL Butterschmalz
125 ml Fleischbrühe
Mehlbutter
125 ml saure Sahne

Außerdem

Holzspießchen oder
Küchengarn

Kastellauner Schwenkbraten

Für 4 Personen

Zubereitungszeit:
15 Minuten
(ohne Wartezeit)
Kochzeit:
6–10 Minuten

1.

Das Fleisch waschen und trockentupfen. Zwiebeln schälen und in feine Ringe schneiden. Knoblauch pellen und durch die Knoblauchpresse drücken. Das Öl mit den Gewürzen (außer Salz) verrühren.

2.

Die Nackenkoteletts in eine Schüssel legen, mit der Marinade begießen und mit den Zwiebelringen und dem Knoblauch belegen. Das Ganze gut miteinander vermischen, sodass alle Koteletts mit Marinade und Zwiebeln bedeckt sind. Abgedeckt über Nacht, oder noch besser 24 Stunden, in den Kühlschrank stellen.

Kastellauner Schwenkbraten

3.

Die Koteletts 1 Stunde vor dem Grillen aus dem Kühlschrank nehmen und anschließend auf dem Schwenkgrill etwa 3–5 Minuten (je nach Feuerintensität) von jeder Seite grillen. Nach dem Grillen mit Salz würzen.

> **Tipp:**
> Legen Sie den Schwenkgrill mit Alufolie aus, dann können Sie auch die Zwiebeln grillen. Die Nackenkoteletts in Zwiebelmarinade eingelegt lassen sich auch sehr gut auf einem Elektrogrill zubereiten, wenn Sie keinen Holzkohlengrill haben. Und auch in der Pfanne gebraten schmecken diese marinierten Koteletts sehr gut. Je länger Sie die Koteletts marinieren lassen, desto zarter wird das Fleisch.

Zutaten

8 große Nacken-
koteletts
10 Zwiebeln
5–6 Knoblauchzehen
200–250 ml Öl
1 EL Senf,
mittelscharf
Pfeffer
Paprikapulver
Cayennepfeffer
Salz

Krüstchenbraten Hunsrücker Art

Für 4 Personen

Zubereitungszeit:
15 Minuten
Kochzeit:
1 ½ – 2 Stunden

1.

Das Fleisch waschen, trockentupfen und mit Kümmel, Majoran, Salz und kräftig mit Pfeffer einreiben. Die Zwiebeln schälen und in grobe Stücke schneiden. Knoblauch schälen. Den Backofen auf 120 °C vorheizen.

2.

Das Fleisch mit Zwiebeln und Knoblauch auf die Schwarte in die Fettpfanne des Backofens legen. Die Brühe angießen und das Ganze etwa 1–1 ½ Stunden im Backofen vorgaren. Der Braten soll nicht vollständig garen, ggf. etwas Brühe oder Wasser nachgießen.

3.

Den Braten aus dem Ofen nehmen und die weiche Schwarte mit einem spitzen, scharfen Messer rautenförmig einschneiden.

Krüstchenbraten Hunsrücker Art

4.

Das Bier mit Honig, Paprikapulver und Chiliflocken mischen und die Schwarte damit einpinseln. Den Braten mit der Schwarte nach oben auf ein trockenes Bleck legen und bei 200 °C für etwa 30 Minuten weiterbraten, bis die Kruste schön goldbraun und knusprig ist.

5.

Den Bratensatz in einem Topf aufkochen, ggf. mit Salz, Pfeffer, Paprikapulver und Chiliflocken abschmecken und mit etwas Mehlbutter binden.

Den Braten vor dem Aufschneiden etwa 10 Minuten ruhen lassen, da sonst zu viel Bratensaft entweicht und das Fleisch trocken wird. Dann in Scheiben schneiden und mit der Kruste nach oben auf einer Servierplatte anrichten und mit etwas Petersilie garnieren. Die Soße separat zum Braten servieren. Dazu Kartoffeln oder Knödel servieren.

Zutaten

1 kg Schweinebraten
mit Speckschwarte
1 EL Kümmelsamen
1 EL Majoran
Salz
Pfeffer
2 Zwiebeln
2 Knoblauchzehen
300 ml Fleischbrühe
1 Glas helles Bier
4 EL Waldhonig
Paprikapulver
Chiliflocken
1 EL gehackte
Petersilie
Mehlbutter

Gräwes

Für 4 Personen

Zubereitungszeit:
35 Minuten
Kochzeit:
45 Minuten

Zutaten

500 g Kasseler
1 kg Sauerkraut
200 ml Weißwein
Wacholderbeeren
Lorbeerblatt
Salz
Pfeffer
1 kg Kartoffeln
1 Zwiebel
150 g Blutwurst
1 EL Butter

1.

Das Fleisch mit Sauerkraut in einen Topf geben und mit dem Wein zum Kochen bringen. Mit Wacholderbeeren, Lorbeerblatt, Salz und Pfeffer würzen und bei mittlerer Hitze in etwa 45 Minuten weich kochen.

2.

Währenddessen die Kartoffeln schälen, waschen, in Stücke schneiden und in Salzwasser weich kochen. Abgießen und die Kartoffeln mit dem Kartoffelstampfer zerstampfen. Das Fleisch aus dem Topf nehmen, in kleine Würfel schneiden und warm halten.

3.

Das Kartoffelpüree mit dem Sauerkraut (Lorbeerblatt entfernen) zu einer sämigen Suppe verrühren, ggf. noch einmal mit Salz und Pfeffer abschmecken, in eine Servierschüssel füllen und warm halten. Die Zwiebel schälen und in feine Würfel schneiden. Die Blutwurst von der Pelle befreien und in Scheiben schneiden. Die Butter in einer Pfanne auslassen und die Zwiebel darin goldgelb anrösten. Die Blutwurst dazugeben und ebenfalls anrösten.

Das Fleisch auf dem Sauerkraut verteilen und die Blutwurst darauf anrichten.

Aschebraten

Das besondere Rezept für Grillabende

1.

Die Zwiebeln schälen und in Ringe schneiden. Knoblauch schälen. Das Fleisch mit Salz, Pfeffer und Majoran einreiben und mit den Zwiebeln und dem Knoblauch in reichlich Alufolie (mehrere Lagen) sehr fest einwickeln. Die Folie muss wirklich sehr fest um das Fleisch gewickelt werden, damit kein Fleischsaft auslaufen kann.

2.

Das Fleisch wird dann in die Asche der schon stark ausgebrannten Grillglut gelegt. Dazu wird das Braten-Paket mittig in die etwas auseinandergeschobene Glut (Kuhle) gelegt und vollständig und sehr großzügig mit Glut und Asche abgedeckt. Durch die totale Rundum-Hitze ist ein gleichmäßiges Garen gewährleistet.

3.

Das Garen des Bratens dauert etwa 2 Stunden. Bei dieser langen Gardauer ist eine besondere Überwachung des Gargutes zwar nicht notwendig, allerdings muss kontrolliert werden, dass genügend Glut vorhanden ist.

Für 4 Personen

Zubereitungszeit:
15 Minuten
Garzeit: 2 Stunden

Zutaten
2–3 Zwiebeln
3 Knoblauchzehen
1 kg Schweine-
Rollbraten
Salz
Pfeffer
Majoran

Außerdem
Reichlich Alufolie

Tipp:
Sie können auch gewürzte Nackensteaks in der Asche garen. Der Garvorgang ist weniger lang und die Steaks schmecken hervorragend. Natürlich können Sie den Aschebraten, ganz unkonventionell, auch im Backofen zubereiten. Dazu den Braten bei 200 °C 1 ½ Stunden garen.

Argenthaler Tellersülze

Für 4 Personen

Zubereitungszeit:
40 Minuten
(ohne Wartezeit)
Kochzeit: einige Minuten

Zutaten

6 hart gekochte Eier
350 g TK-Erbsen
6–8 Gewürzgurken
1 Möhre
500 g Schweinebraten,
gegart und kalt
6 Blätter Gelatine
500 ml Fleischbrühe
2 EL Weißweinessig
Salz, Pfeffer

Außerdem

2 Zwiebeln, in
Scheiben geschnitten
1 EL gehackte
Petersilie

1.

Die gekochten, kalten Eier pellen und in nicht zu feine Scheiben schneiden. Die Erbsen in Wasser gar kochen, abgießen und erkalten lassen. Die Gurken abtropfen lassen und in nicht zu feine Scheiben schneiden. Die Möhre schälen, waschen und fein raspeln. Den Schweinebraten in feine Scheiben schneiden.

Vier Teller wie folgt belegen: die Fleischscheiben portionsweise in die Teller legen. Darauf Erbsen, Gurken, Möhre und Eier gleichmäßig verteilen bzw. schön anrichten.

2.

Die Gelatine in kaltem Wasser einweichen. Die Fleischbrühe erhitzen und die gut ausgedrückte Gelatine darin auflösen. Den Essig dazugeben, mit Salz und Pfeffer würzen und etwas abkühlen lassen. Das Gelee in die Teller gießen, bis Fleisch und Gemüse vollständig leicht überzogen sind. Die Teller mit Folie abdecken und im Kühlschrank mindestens 3 Stunden gelieren lassen. Zum Servieren die Tellersülze mit den Zwiebelscheiben belegen und mit der Petersilie garniert servieren. Dazu Bratkartoffeln und Remoulade reichen.

Sauerfleisch

1.

Das Suppengemüse putzen bzw. schälen, waschen und abtropfen lassen. Sellerie und Porree in nicht zu kleine Stücke schneiden, die Möhre ganz lassen. 2 Zwiebeln schälen und halbieren. Eisbeine mit 150 ml Essig, dem Suppengemüse, Zwiebeln, Lorbeerblatt, Nelken, Piment- und Pfefferkörner in einen großen Topf geben. 2,5–3 Liter kaltes Wasser angießen, bis die Eisbeine bedeckt sind. Das Ganze zum Kochen bringen, kurz aufwallen lassen und bei geschlossenem Topf bei mittlerer Hitze etwa 2–2 ½ Stunden weich kochen. Den entstehenden Schaum mit einer Schaumkelle entfernen.

2.

Das Fleisch aus dem Sud heben und abkühlen lassen. Fleischsud durch ein feines Sieb gießen und auskühlen lassen. Die Möhre in Scheiben schneiden. Kalten Sud entfetten und etwa 750 ml abmessen. Die Eisbeine von den Knochen lösen und von Haut und Fett befreien. Das Fleisch in mundgerechte Stücke schneiden. Das Fleisch mit den Möhrenscheiben und der Petersilie in eine Schüssel geben und etwas vermischen. Gelatine in kaltem Wasser einweichen. Den Fleischsud erhitzen und die Gelatine darin auflösen, mit Salz, Pfeffer, übrigem Essig und Zucker abschmecken. Den Sud in die Schüssel über das Fleisch gießen, bis alles leicht bedeckt ist. Abkühlen lassen und anschließend abgedeckt über Nacht im Kühlschrank gelieren lassen. Sauerfleisch vom Eisbein mit Bratkartoffeln und einem grünen Salat servieren.

Für 4 Personen
Zubereitungszeit:
40 Minuten
(ohne Wartezeit)
Kochzeit:
2–2 ½ Stunden

Zutaten
1 Bund Suppengemüse
2 Zwiebeln
3 kg gepökeltes Eisbein
(etwa 4–5 Stück)
200 ml Weißweinessig
1 Lorbeerblatt
3 Gewürznelken
8 Pimentkörner
2 TL Pfefferkörner
1 EL gehackte Petersilie
6 Blatt weiße Gelatine
Salz
Pfeffer
1 TL Zucker

Gerichte mit Fisch

In früheren Zeiten konnten die Menschen im Hunsrück ihre Fische aus Mosel und Rhein, aber auch aus den kleineren Flüssen der Hunsrück-Täler fischen. Mittlerweile haben sich (nach Jahrzehnten der Wasserverschmutzung) auch im Rhein und in der Mosel zahlreiche Fischbestände erholt und es kann dort wieder geangelt werden. Einen Fisch zu fangen ist eine Sache, ihn aber richtig zuzubereiten eine andere. Die folgenden Fischrezepte laden Sie herzlich zum Nachkochen ein.

Heringsstipp

Zutaten

8 Salzheringe
2 saure Äpfel
1 große Zwiebel
250 ml Milch
250 ml Sahne
Salz
Pfeffer
1 Prise Zucker
etwas Zitronensaft

1.

Die Salzheringe in eine Schüssel mit Wasser legen, so dass alle Fische bedeckt sind, und etwa 1 Stunde stehen lassen. Die Äpfel waschen, schälen, entkernen und in kleine Stücke schneiden. Die Zwiebel schälen und in kleine Würfel schneiden.

2.

Zwiebelwürfel und Apfelstücke mit der Milch und der Sahne vermengen. Mit Salz, Pfeffer, Zucker und Zitronensaft abschmecken. Die Heringe aus dem Wasser nehmen, abtropfen lassen bzw. trockentupfen und in mundgerechte Stücke schneiden. Den Fisch in die Sahnesoße geben und untermischen.

Heringsstipp abgedeckt über Nacht im Kühlschrank ziehen lassen. Mit Pell- oder Salzkartoffeln servieren.

Forellen

1.

Die Forellen waschen und gut trockentupfen. Mit etwas Salz und Pfeffer von innen und außen einreiben. Jeweils zwei Scheiben Schinkenspeck und 1–2 Stängel Thymian in die Bauchöffnungen legen.

2.

Die Bauchöffnungen mit Zahnstochern verschließen und die Fische in Mehl wälzen, überschüssiges Mehl abklopfen. Das Öl in einer großen Pfanne (am besten zwei Pfannen verwenden) erhitzen und die Forellen darin von beiden Seiten anbraten. Die Hitze reduzieren und die Fische in etwa 8 Minuten gar braten. Dabei einmal wenden. Die gebratenen Forellen auf Tellern anrichten, die Zahnstocher und den Thymian entfernen, mit Zitronenvierteln garnieren und mit Salzkartoffeln servieren. Dazu einen grünen Salat reichen.

Für 4 Personen
Zubereitungszeit:
10 Minuten
Kochzeit: 10 Minuten

Zutaten
4 küchenfertige Forellen,
je 350 g
Salz
Pfeffer
8 feine Scheiben
Schinkenspeck
1 Bund Thymian
4 EL Mehl
Öl
1 Zitrone, in
Viertel geschnitten

Außerdem
Zahnstocher zum
Verschließen der
Bauchöffnungen

Gebackene Rotaugen

Für 4 Personen

Zubereitungszeit:
5 Minuten

Kochzeit:
4–5 Minuten

Zutaten

8 küchenfertige
Rotaugen
(oder mehr,
je nach Hunger)
Salz
Reichlich Öl
zum Ausbacken

1.

Die Fische unter fließendem Wasser abwaschen, gut trockentupfen und salzen.

Öl, etwa 7–8 cm hoch, in einen Bräter geben und sehr heiß
erhitzen. Die Fische portionsweise im heißen Öl etwa 4–5
Minuten knusprig goldbraun braten lassen. Herausnehmen
und abtropfen lassen. Die Fische sind gar, wenn sich die
Rückenflosse sehr leicht herausziehen lässt. Gebackene
Rotaugen mit Kartoffelsalat servieren.

Tipp:
Bei ausreichend hoher Temperatur kann man den Fisch problem-
los mit den Gräten verzehren.

Bratfisch

1.

Die Heringe unter kaltem Wasser abwaschen und trockentupfen. Paniermehl mit Mehl, 1 TL Salz und Pfeffer mischen. Die Fische darin wenden und dabei die Panade gut andrücken.

2.

Das Öl in einer weiten Pfanne erhitzen und die Heringe darin bei mittlerer Hitze (das Öl darf nicht zu heiß sein) etwa 10 Minuten auf jeder Seite goldbraun braten lassen. Anschließend abtropfen lassen und in eine längliche Schüssel legen.

3.

In einem Topf Wein mit Essig, 250 ml Wasser, Gewürzen, etwas Salz und Rohrzucker aufkochen. Die Hitze reduzieren und 5 Minuten ohne Deckel leise köcheln lassen. Die Zwiebeln schälen, in feine Ringe schneiden, in den Sud geben und das Ganze 10 Minuten köcheln.

4.

Den Sud abkühlen lassen, ggf. noch einmal abschmecken. Die erkaltete Marinade mit den Zwiebeln über die Fische gießen und abgedeckt über Nacht im Kühlschrank ziehen lassen. Bratfisch aus der Marinade nehmen, etwas abtropfen lassen und mit Pellkartoffeln oder Kartoffelsalat servieren.

Für 4 Personen

Zubereitungszeit:
20 Minuten
(ohne Wartezeit)
Kochzeit: 15 Minuten

Zutaten
4 küchenfertige
Heringe (ohne Köpfe)
3 EL feines Paniermehl
2 EL Mehl
Salz
Pfeffer
6 EL Öl
400 ml Weißwein,
trocken
250 ml Weißweinessig
2 TL Senfkörner
1 TL schwarze
Pfefferkörner
6 Wacholderbeeren
2 Lorbeerblätter
1 EL Rohrzucker
3 Zwiebeln

Kaiserthermen in Trier

Eine Traumreise entlang des rechten Moselufers

Trier

Die älteste Stadt Deutschlands kann auf eine über 2000-jährige Geschichte zurückblicken. Die Vielfalt der vorhandenen Epochen und Stile verleihen der Stadt ihren unvergleichlichen Charakter. Trier hat so viele Sehenswürdigkeiten, dass hier nicht alle genannt werden können.

Neun Bauwerke (Amphitheater, Barbarathermen, Kaiserthermen, Konstantinbasilika, Porta Nigra, Römerbrücke, Igeler Säule, Dom und die Liebfrauenkirche) sind Welterbe der UNESCO. Daneben laden unzählige Sehenswürdigkeiten zu Ausflügen, Besichtigungen und zum Staunen ein, geschichtsträchtige Vergangenheit ist hier allgegenwärtig. Kulturinteressierte finden in den Theatern (Oper, Operetten, Schauspiel etc.), Galerien und Museen sowie den zahlreichen Veranstaltungen der Stadt abwechslungsreiche Unterhaltung. Erwähnenswert ist auch der Trierer Karneval. Er zählt zu den größten Karnevalsfesten in Rheinland-Pfalz, womit Trier zu den großen Karnevalshochburgen gehört.

Die Naturschutzgebiete Kiesgrube bei Oberkirch, Kenner Flur, Kahlenberg am Sievenicherhof, Gillenbachtal und Mattheiser Wald sind Lebensraum für unzählige Vögel, Fledermäuse, Amphibien und Insekten. Spaziergänger, Jogger und Mountainbiker finden hier ein weitläufiges Revier in geschützter Natur. Die Einkaufsmöglichkeiten in Trier sind vielseitig. Zum Schlendern über die gemütlichen Fußgängerzonen mit ihren vier Haupt-Einkaufsstraßen Simeonstraße, Brotstraße, Fleischstraße und Nagelstraße sollte man für ein Shoppingvergnügen ausreichend Zeit einplanen. Hier befinden sich Warenhäuser, kleine Lädchen und zahlreiche Restaurants mit guter bürgerlicher und internationaler Küche.

Porta Nigra in Trier

Bernkastel-Kues

Bernkastel-Kues

Bernkastel-Kues ist einer der beliebtesten Urlaubsorte an der Mosel, voller Geschichte und Kultur. Malerische Winkel und wunderschöne Fachwerkhäuser in einer mittelalterlichen Stadt lassen sich bei einem Stadtrundgang bewundern. Hervorzuheben ist das historische Spitzhäuschen in der Altstadt, das zu den häufigsten Fotomotiven an der Mosel zählt. Zu den weiteren Sehenswürdigkeiten zählen der historische Marktplatz mit jahrhundertealten Fachwerkhäusern, dem Rathaus aus dem Jahre 1608 und dem St.-Michaels-Brunnen. Besuchen Sie das Cusanus-Geburtshaus, wo der berühmte Gelehrte, Philosoph, Theologe und Mathematiker Nikolaus Cusanus (Nikolaus Kardinal von Kues, 1401–1464) das Licht der Welt erblickte, das Moselweinmuseum oder das Heimatmuseum Graacher Tor. Hoch über der Moselstadt thront die Burgruine Landshut. Von hier bietet sich dem Besucher ein atemberaubender Ausblick auf das Moseltal. Nicht umsonst gehört die Burgruine Landshut, die übrigens zu den ältesten Bauwerken an der Mosel zählt, zu den beliebtesten Ausflugszielen in der Moselregion. Als Abschluss einer Besichtigungstour lassen sich die Erzeugnisse der weitreichenden Weinberge, die prämierten Moselweine, in einer der gemütlichen, urigen Weinstuben oder während einer Führung durch die Steillagen in unvergleichlicher Mosel-Atmosphäre genießen.

Das von Bernkastel-Kues neun Kilometer entfernt liegende Schloss Veldenz ist ein Abstecher wert. Die Burgruine, 1681 von französischen Truppen zerstört, thront auf einem steil abfallenden Bergsporn über dem gleichnamigen Ort Veldenz und bietet einen herrlichen Ausblick über die angrenzenden Täler. Das Schloss ist über einen Anfahrtsweg, aber auch über einen Fußweg zu erreichen. Für Besucher finden hier regelmäßige Führungen (die Besichtigung der Burganlage ist nur im Rahmen einer Führung möglich), Ritterspiele, mittelalterliche Konzerte oder Waffenvorführungen statt.

Traben-Trarbach

Die Stadt Traben-Trarbach liegt am Kopf einer engen Moselschleife. Die Doppelstadt, Traben und Trarbach, wird seit 1898 durch eine Brücke miteinander verbunden. Traben liegt links der Mosel am Fuße der ehemaligen Festung Mont Royal (1687 bis 1698 erbaut), von der heute nur noch wenige Reste der mächtigen Mauern, Kasematten und Kellergewölbe erhalten sind. In der Saison finden regelmäßig Führungen durch die ehemalige Festungsanlage statt. Der Stadtteil Trarbach, rechts des Flusses auf der Hunsrück-Seite gelegen, wird von der Bergruine Grevenburg überragt. Von der ehemaligen Residenz der Grafen von Sponheim sind nur noch die westliche Fassade des ehemaligen Kommandantenhauses und viele Fundamente der Burganlage erhalten. Die Burgruine wird mit einer Burggaststätte bewirtschaftet und bietet darüber hinaus einen eindrucksvollen Blick auf die Mosel.

Die Stadt, heute von Weinbau und Tourismus geprägt, erlebte Ende des 19. Jahrhunderts eine Blütezeit des Weinbaus und des Weinhandels und war damals einer der bedeutendsten Weinhandelsplätze der Welt. Aus dieser Zeit stammen noch viele Jugendstilbauten, die man auch heute noch bewundern kann. Das kulturelle Angebot wird sicherlich auf der Museums-Zeile im Stadtteil Trarbach befriedigt. Hier findet man das Mittelmosel-Museum, das Haus der Ikonen sowie das Fahrradmuseum, den renovierten Stadtturm samt Glockenspiel und das neu eröffnete Buddha-Museum.

Treis-Karden

Treis-Karden

Der Fremdenverkehrsort Treis-Karden liegt im „Klotten-Treiser Moseltal", wobei Karden links der Mosel und Treis rechts der Mosel, teilweise im nordöstlichen Moselhunsrück, liegt. Die Ortsteile, seit 1969 miteinander verbunden, werden vom Zillesberg überragt und von zwei Burgen gekrönt. Burg Treis aus dem 11. Jahrhundert ist heute nur noch Ruine, allerdings gilt der restaurierte Burgturm als der höchste an der Mosel und kann bestiegen werden.

Die Wildburg dagegen ist erhalten, befindet sich in Privatbesitz und kann nur von außen betrachtet werden. Die Wildburg liegt in einer Höhe von ca. 85 Metern über dem Zusammenfluss der beiden Bäche Flaumbach und Dünnbach. Die Kirche St. Kastor, der „Kardener Dom", lädt zu einer Besichtigung ein, denn mit ihrer stilvollen Verbindung romanischer und frühgotischer Bauelemente ist sie weit über den Moselraum hinaus bekannt. Bei einer Stadtbesichtigung dürfen die reizvollen alten Bauten, wie zum Beispiel der „Korbisch" (nach heutigem Forschungsstand ist es das älteste in Privatbesitz befindliche und immer noch bewohnte Wohngebäude Deutschlands) und das Burghaus an der Uferstraße, nicht fehlen.

Treis-Karden, St. Castor Kirche

Koblenz und Deutsches Eck

Bei einem Besuch in Koblenz lernt man eine der ältesten Städte Deutschlands kennen. Das Stadtgebiet wird von den Mittelgebirgen Eifel, Hunsrück, Westerwald und Taunus umgeben.

Die rund 2000-jährige Geschichte der Stadt hinterlässt zahlreiche Sehenswürdigkeiten, die hier nicht alle genannt werden können. Kirchen, Schlösser, feudale Bürgerhäuser, romantische Straßen und vieles mehr erwarten den Besucher, zum Beispiel bei einer Stadtrundfahrt.

Die Altstadt mit ihren engen Gassen zwischen der Basilika St. Kastor (älteste erhaltene Kirche der Stadt) und der Liebfrauenkirche, dem Schängelbrunnen am Rathaus und das Forum Confluentes mit dem Romanticum am Zentralplatz bietet nur einige der Sehenswürdigkeiten. Kulturinteressierte finden auch in dem abwechslungsreichen Angebot der Stadt viele Attraktionen. Zahlreiche Veranstaltungen, Stadtfeste, Theater, Museen, Wochenmärkte und vieles mehr kann man hier erleben und genießen.

Ein Ausflug mit der Seilbahn Koblenz zur Festung Ehrenbreitstein sollte bei einem Besuch der Stadt unbedingt eingeplant werden. Die Seilbahn ist rund 850 Meter lang, sie kann bis zu 7000 Gäste in der Stunde befördern und zählt zu den größten ihrer Art in Europa (außerhalb der Alpen). Die historische Festung Ehrenbreitstein, übrigens die zweitälteste erhaltene Festung Europas, bietet einen herrlichen Ausblick auf Rhein und Mosel, Parkanlagen und ein Kulturzentrum mit kulturellen und kulinarischen Genüssen.

Das deutsche Eck in Koblenz – die Stadt ist eines der Tore in den schönen Hunsrück

Köstliches für die Kaffeetafel

Einen frisch gebackenen Kuchen – wer kann dazu schon Nein sagen? Backen ist keine Hexerei und man muss einen Kuchen auch nicht immer nur zur Nachmittagszeit genießen. Man kann einen Kuchen auch einmal als Nachspeise servieren; nach einer herzhaften Mahlzeit ist ein Kuchen genau das Richtige.

Krimmelkuchen

Für 4–8 Personen

Zubereitungszeit:
20 Minuten
Backzeit: 30–35 Minuten

Zutaten
Für den Teig
250 g Butter
6 Eier
300 g Zucker
1 EL Vanillezucker
500 g Mehl
1 Pckg. Backpulver
1 Prise Salz
125 ml Milch

Für die Streusel
150 g Butter
150 g Zucker
150 g Mehl
150 g gemahlene Mandeln

Außerdem
Backpapier für die
Fettpfanne
des Backofens

1.

Die Butter schaumig schlagen. Die Eier trennen. Die Eigelbe nach und nach mit Zucker und Vanillezucker unter die Butter geben und alles zu einer hellen, dicken Creme schlagen. Das gesiebte Mehl mit Backpulver und Salz mischen und immer im Wechsel mit der Milch unter die Buttermasse rühren.

2.

Der Teig sollte nicht zu weich sein und sich schwer reißend vom Löffel lösen. Das Eiweiß zu steifem Eischnee schlagen und unter die Teigmasse heben.

Die Fettpfanne mit dem Backpapier auslegen und den Backofen auf 200 °C vorheizen. Den Teig auf das Blech streichen.

3.

Die Streuselzutaten in eine Schüssel geben, mit den Fingerspitzen rasch zu Streuseln verarbeiten und auf dem Teigboden verteilen. Im Backofen etwa 30–35 Minuten backen lassen. Den Kuchen aus dem Ofen nehmen, abkühlen lassen, in Stücke schneiden und auf einer Kuchenplatte anrichten. Zum Kuchen Tee oder Kakao mit frisch geschlagener Sahne servieren.

Beereflare

1.

Die Birnen über Nacht in Wasser einweichen. Die Birnen am Zubereitungstag in dem Einweichwasser weich kochen und anschließend im Mixer zerkleinern. Die Masse dann durch ein Sieb streichen, zurück in den Topf geben und bei mittlerer Hitze mit den restlichen Zutaten vermischen, bis eine braune Masse entsteht. Beiseitestellen und abkühlen lassen.

2.

Für den Hefeteig, das Mehl in eine Schüssel geben, mit der Hefe vermischen und mit den übrigen Zutaten zu einem geschmeidigen Teig verarbeiten. Den Teig abgedeckt an einem warmen Ort etwa 30 Minuten gehen lassen. Eine Springform (28 cm Ø) mit der Butter einfetten.

Den Teig erneut kräftig durchkneten und in die Form geben. Den Teig auf dem Boden fest andrücken, etwas am Rand hochziehen und erneut 20 Minuten ruhen lassen. Den Backofen auf 175 °C vorheizen.

3.

Das Birnenmus auf dem Hefeteig verteilen und etwa 25–30 Minuten backen lassen, bis der Kuchenboden goldbraun ist. Aus dem Ofen nehmen, abkühlen lassen und mit frisch geschlagener Sahne servieren.

Für 4–6 Personen

Zubereitungszeit:
35 Minuten
(ohne Wartezeit)
Backzeit: 25–30 Minuten

Zutaten
Für den Belag
400 g getrocknete
Birnenschnitze
2–3 EL Zucker
1 Prise gem. Zimt/Anis
½ Glas Rotwein
1 Schnapsglas
Birnenschnaps

Für den Teig
500 g Mehl
1 Pckg. Trockenhefe
75 g Butter, 1 Ei
250 ml lauwarme Milch
1 Prise Salz,
4 EL Zucker

Außerdem
Butter zum Einfetten
der Form

Hunsrücker Apfelkuchen

Für 4–8 Personen

Zubereitungszeit:
35 Minuten
(ohne Wartezeit)
Backzeit:
25–30 Minuten

1.

Das Mehl in eine Schüssel sieben, in die Mitte eine Mulde drücken, die zerbröselte Hefe mit 1 Teelöffel Zucker hineingeben, mit etwas lauwarmer Milch übergießen und mit wenig Mehl verrühren, so dass ein flüssiger Vorteig entsteht. Abgedeckt etwa 30 Minuten an einem warmen Ort gehen lassen.

2.

Nun nach und nach die restliche Milch, die Butter, den restlichen Zucker, Eier, Salz, Zitronenschale und Vanillinzucker hinzufügen und mit den Knethaken des Handrührgerätes so lange rühren, bis der Teig sich vom Schüsselrand löst. Den Teig zu einer Kugel formen und abgedeckt erneut so lange gehen lassen, bis er sich verdoppelt hat.

Hunsrücker Apfelkuchen

3.

Währenddessen die Äpfel waschen, schälen, halbieren, vom Kerngehäuse befreien und in Schnitze schneiden. Den Teig erneut durchkneten und anschließend auf dem gut eingefetteten Backblech ausrollen. Die Apfelschnitze kranzartig auf dem Kuchenboden verteilen und mit etwas Zucker bestreuen. Die Zutaten für den Guss miteinander glatt verrühren und gleichmäßig über den Äpfel verteilen.

Den Kuchen bei 200 °C etwa 25–30 Minuten backen. Aus dem Ofen nehmen, abkühlen lassen, in Stücke schneiden und mit frisch geschlagener Sahne servieren.

Zutaten
Für den Teig
500 g Mehl
25 g frische Hefe
80 g Zucker
250 ml warme Milch
70 g zimmerwarme,
weiche Butter
2 Eier
1 gestrichener TL Salz
Schalenabrieb von
½ Zitrone
1 Pckg. Vanillinzucker

Für den Belag
1 kg Äpfel
etwas Zucker

Für den Guss
100 ml Sahne
75 g Zucker
1 Prise Zimt
2 Eier

Buttergebackenes

Für 4–8 Personen

Zubereitungszeit:
25 Minuten
(ohne Wartezeit)
Backzeit: 5 Minuten

Zutaten

500 g Mehl
375 g Butter
200 g Zucker
4 Eigelbe

Außerdem
Mehl für die
Arbeitsfläche
Backpapier
1 Eigelb zum
Bestreichen

1.

Das Mehl in eine Schüssel sieben und mit Butter, Zucker und Eigelben zu einem Mürbeteig kneten. Den Teig zu einer Kugel formen und in Folie gewickelt 1 Stunde im Kühlschrank ruhen lassen.

2.

Den Backofen auf 175° Grad vorheizen.

Den Teig auf der bemehlten Arbeitsfläche etwa 0,5 cm dick ausrollen. Mit einem Ausstecher in beliebiger Form Plätzchen ausstechen und diese auf ein mit Backpapier ausgelegtes Backblech legen. Das Eigelb mit etwas Wasser (oder Sahne) verquirlen und die Plätzchen damit bestreichen. In den Ofen geben und etwa 5 Minuten goldgelb backen lassen. Anschließend auf einem Kuchengitter auskühlen lassen.

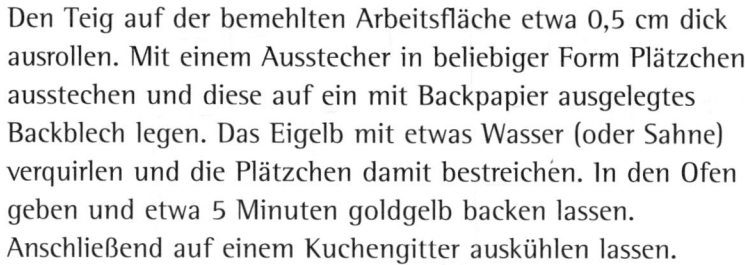

Kranzkuchen

1.

Das Mehl in eine Schüssel sieben, in die Mitte eine Mulde drücken, die zerbröselte Hefe mit 1 Teelöffel Zucker hineingeben, mit etwas lauwarmer Milch übergießen und mit wenig Mehl verrühren, so dass ein flüssiger Vorteig entsteht. Den Vorteig an einem warmen Ort 15 Minuten gegen lassen.

2.

Die Butter schmelzen, mit Zucker, Ei, Salz und Zitronenschale vermischen und zum Vorteig geben und mit dem Mehl zu einem glatten Teig kneten. Den Teig gut durchkneten und abgedeckt 15 Minuten gehen lassen. Den Backofen auf 200 °C vorheizen.

3.

Den Teig in 3 gleichgroße Stücke teilen und daraus drei Rollen formen. Aus diesen Rollen einen Zopf legen und anschließend die Enden zu einem Kranz zusammenlegen. Das Eigelb mit etwas Wasser verrühren und den Kranz damit bestreichen. Im Backofen etwa 20 Minuten goldbraun backen. Aus dem Ofen nehmen und abkühlen lassen.

> **Tipp:**
> Sollte der Kranz während des Backens zu dunkel werden, decken Sie ihn mit Alufolie ab.

Für 4–6 Personen

Zubereitungszeit:
25 Minuten
(ohne Wartezeit)
Backzeit: 20 Minuten

Zutaten
500 g Mehl
30 g frische Hefe
2 EL Zucker
250 ml lauwarme
Milch
2 EL Butter
1 Ei
1 Prise Salz
Schalenabrieb von
½ Zitrone

Außerdem
1 Eigelb zum Bestreichen

Quetschekuche

Für 4–8 Personen
Zubereitungszeit:
35 Minuten
(ohne Wartezeit)
Backzeit: 25 Minuten

Zutaten
Für den Teig
500 g Mehl
40 g frische Hefe
80 g Zucker
250 ml warme Milch
70 g weiche Butter
2 Eier
1 gestrichener TL Salz
Schale von ½ Zitrone
1 Pckg. Vanillinzucker

Für den Belag
1–1 ½ kg Zwetschgen

Außerdem
Butter zum Einfetten
des Backblechs
Zucker und Zimt

1.

Das Mehl in eine Schüssel sieben, in die Mitte eine Mulde drücken, die zerbröselte Hefe mit 1 Teelöffel Zucker hineingeben, mit etwas lauwarmer Milch übergießen und mit wenig Mehl verrühren, so dass ein flüssiger Vorteig entsteht. Abgedeckt etwa 30 Minuten an einem warmen Ort gehen lassen. Nun nach und nach die restliche Milch, die Butter, den restlichen Zucker, Eier, Salz, Zitronenschale und Vanillinzucker hinzufügen und mit den Knethaken des Handrührgerätes so lange rühren, bis der Teig sich vom Schüsselrand löst. Den Teig zu einer Kugel formen und abgedeckt erneut so lange gehen lassen, bis er sich verdoppelt hat. Den Backofen auf 200 °C vorheizen.

2.

Die Pflaumen waschen, halbieren, aber nicht komplett durchschneiden, und Kerne entfernen. Die Pflaumenhälften noch einmal an-, aber nicht durchschneiden. Den Teig erneut kräftig durchkneten und anschließend auf einen tiefen, eingefetteten Backblech ausrollen. Die Pflaumen dicht aneinander auf dem Teigboden verteilen. Den Kuchen im Backofen etwa 20–25 Minuten backen. Aus dem Ofen nehmen, etwas abkühlen lassen und mit Zucker und Zimt bestreut servieren. Dazu frische Schlagsahne servieren.

Tipp:
Traditionell isst man im Hunsrück Quetschekuchen zu Grumbiersupp.

Wecken

1.

Das Mehl in die Schüssel sieben, in die Mitte eine Mulde
drücken und den Zucker hineingeben. Die Hefe in der lauwar-
men Milch auflösen, ebenfalls in die Mulde geben und mit
etwas Mehl vermischen. Den Vorteig abgedeckt 15 Minuten
an einem warmen Ort stehen lassen. Anschließend die restlichen Zutaten zugeben und gut durchkneten. Erneut
30 Minuten gehen lassen.

2.

Den Teig nach der Ruhezeit noch einmal durchkneten und
anschließend portionsweise zu runden Wecken (wie Brötchen)
formen, auf das mit Backpapier ausgelegte Backblech legen
und weitere 15 Minuten gehen lassen. Den Backofen auf 200
°C vorheizen.

Die Oberflächen der Wecken mit etwas Milch bestreichen und
im Backofen etwa 10–15 Minuten goldbraun backen lassen.
Aus dem Ofen nehmen, erkalten lassen und mit frischer Butter
und Marmelade servieren.

Tipp:
Sie können auch Rosinen in den Teig einarbeiten. Auch mit
Schokoladensplittern schmecken die Wecken hervorragend.

Für 4–6 Personen
Zubereitungszeit:
35 Minuten
(ohne Wartezeit)
Backzeit: 10-15 Minuten

Zutaten
500 g Mehl
100 g Zucker
1 Päckchen
frische Hefe
250 ml lauwarme
Milch
50 g Butter
1 Prise Salz

Außerdem
Backpapier
etwas Milch zum
Bestreichen

Süße Dampfnudeln

Zutaten

Für die Dampfnudeln

500 g Mehl
50 g Zucker
30 g Hefe
250 ml Milch
1 Ei
50 g weiche Butter
Schalenabrieb von
1 Zitrone
Salz

Zum Dämpfen

250 ml Milch
40 g Butter
50 g Zucker
Salz

1.

Für den Teig das Mehl in eine Schüssel sieben und den Zucker auf den äußeren Mehlrand streuen. In die Mitte eine Mulde drücken und die Hefe hineinbröseln, mit etwas lauwarmer Milch, etwas Zucker und ein wenig Mehl zu einem Brei verrühren. Die Schüssel mit einem Küchentuch abdecken und an einem warmen Ort 20 Minuten gehen lassen.

2.

Das Ei mit der übrigen Milch verquirlen, zu der Mehlmischung geben und weiche Butterflöckchen darauf verteilen. Die Zitronenschale und das Salz zugeben und alles auf einer bemehlten Arbeitsfläche so lange schlagen, bis der Teig Blasen wirft.
Den Teig zu einer Rolle formen, in 14 Portionen teilen und zu glatten Bällchen formen. Auf einem bemehlten Backblech an einem warmen Ort 30 Minuten gehen lassen.

3.

Zum Dämpfen in einen ausreichend großen Topf jeweils die Hälfte von Milch, Butter, Zucker und Salz geben. Die Bällchen darin 20 Minuten dämpfen, herausnehmen und warm stellen. Weiter so verfahren, bis alle Bällchen fertig sind. Die Dampfnudeln auf Dessertteller portionieren und mit Vanillesoße oder Vanilleeis servieren.

Rahmküchle

1.

Eigelbe mit Schlagsahne und Vanillezucker schaumig schlagen. Das Mehl nach und nach unterrühren, den Zitronenabrieb und das Salz untermischen. Das Ganze anschließend etwa 5 Minuten rühren. Den Teig mit Frischhaltefolie abdecken und 1 Stunde im Kühlschrank ruhen lassen.

2.

Das Butterschmalz in einem Topf auf etwa 180° C erhitzen. Den Teig auf einer bemehlten Arbeitsfläche ausrollen. Mit einer Ausstechform Kreise ausstechen und im heißen Fett hellbraun ausbacken.

Die Rahmküchle mit einem Schöpflöffel aus dem Topf nehmen, abtropfen lassen und mit Puderzucker bestäuben. Möglichst noch warm servieren.

> *Tipp:*
> Wenn Sie mögen, können Sie die Rahmküchle auch mit Zimt-Zucker bestreuen.

Zutaten
3 Eigelbe
30 ml Sahne
1 EL Vanillezucker
100 g Mehl
Schalenabrieb von
½ Zitrone
1 Prise Salz

Außerdem
Mehl für die
Arbeitsfläche
Reichlich
Butterschmalz
Puderzucker

Nachspeisen

Zum Abschluss etwas Süßes, das darf einfach nicht fehlen. Die folgenden Nachspeisen lassen sich sehr gut bereits am Vortag vorbereiten. So können Sie sich vollkommen auf Ihre Hauptspeisen konzentrieren, während sich Ihre Nachspeise bereits im Kühlschrank befindet.

Kirscheis

Für 4 Personen
Zubereitungszeit:
30 Minuten
Kochzeit: einige Minuten

Zutaten
300 g Kirschen
aus dem Glas,
Abtropfgewicht
40 g Zucker
100 ml Cassis
100 ml Schlagsahne
1 Eiweiß (Kl. M)
250 g Mascarpone

1.

Kirschen abtropfen lassen. Zucker in einem Topf hellbraun karamellisieren. Mit Cassis ablöschen und so lange kochen, bis sich der Zucker gelöst hat. Bei milder Hitze und ohne Deckel dicklich einkochen. Kirschen dazugeben und mit dem Mixstab fein pürieren.

2.

Die Sahne leicht aufschlagen. Das Eiweiß locker, aber nicht steif schlagen.

Mascarpone, Sahne und Eiweiß unter die Kirschmasse heben. Das Ganze 20–25 Minuten in der Eismaschine gefrieren lassen. Eis in Becher füllen und mit frischer Schlagsahne servieren.

Milchreis mit zucker und Zimt

1.

Die Milch aufkochen. Den Reis mit 1 Esslöffel Zucker, Vanillezucker und Salz zufügen und gut verrühren.

2.

Den Reis bei leichter Hitze etwa 30–35 Minuten quellen lassen. Dabei immer wieder mit einem Kochlöffel durchrühren. Den übrigen Zucker mit Zimt mischen. Reis in Dessertschüsseln füllen und mit Zimt-Zucker bestreut servieren.

Für 4 Personen

Zubereitungszeit:
5 Minuten
Kochzeit: 30–35 Minuten

Zutaten
1 L Milch
250 g Milchreis
4 EL Zucker
1 EL Vanillezucker
1 Prise Salz
Zimt

Himbeertraum

Für 4 Personen
Zubereitungszeit:
5 Minuten
(ohne Wartezeit)

Zutaten

750 g Himbeeren,
400 ml Sahne
2 EL Zucker
400 g Crème fraîche
5–6 EL Rohrzucker

1.

Die Himbeeren in einem feinen Sieb auftauen und abtropfen lassen. Die Sahne mit dem Zucker steif schlagen und mit der Crème fraîche verrühren.

2.

Die Himbeeren in eine Schüssel (am besten eignet sich eine quadratische Auflaufform) geben und auf dem Boden verteilen. Darüber die Sahnemischung geben und glatt streichen. Den Rohrzucker dick darüber verteilen. Das Ganze mit Alufolie abdecken und über Nacht in den Kühlschrank stellen.

Hunsrücker Weincreme

1.

6 Esslöffel Weißwein mit dem Puddingpulver verrühren. Den übrigen Weißwein mit Zucker und Zitronensaft in einen Topf geben und erhitzen. Das Puddingpulver dazugeben, gut verrühren und kurz aufkochen lassen.

2.

Den Topf von der Herdplatte ziehen, die Eigelbe rasch unterrühren und anschließend vollständig abkühlen lassen. Dann die Sahne steif schlagen und unter die Weincreme heben. Die Creme in Dessertgläser füllen und kühl stellen. Erst kurz vor dem Servieren aus dem Kühlschrank nehmen.

Für 4 Personen
Zubereitungszeit:
10 Minuten
(ohne Wartezeit)

Zutaten
500 ml Weißwein
1 Pckg. Vanillepudding
zum Kochen
100 g Zucker
Saft von ½ Zitrone
3 Eigelbe
400 ml Sahne

Register

Bildnachweis

Fotolia:
Seite 8 © M.studio, Seite 17 © Sunny Forest, Seite 18 © Klaus Eppele, Seite 20 © Marco Mayer, Seite 26 © Artalis, Seite 34 © Brent Hofacker, Seite 37 © laboko, Seite 38 © Kitty, Seite 49 © Gordan Jankulov, Seite 52 © uckyo, Seite 57 © Ars Urikusch, Seite 68 © Mara Zemgaliete, Seite 90 © tycoon101, Seite 108 © M.studio, Seite 120 © alex9500, Seite 123 © photocrew, Seite 124 © Natika

Bruno Hof:
Seiten 30, 32, 60, 62, 63 beide, 64, 65, 99, 103, 106

Regionalia Verlag, Archiv:
Seiten 31, 58, 62

Wikimedia Commons:
Seite 7 (Rama53), Seite 26 (Maximilian Dörrbecker (Chumwa)), Seite 28 oben (Achim Berg), Seite 28 unten (Cayambe), Seite 33 beide (Prankster), Seite 61 (Stan Shebs), Seite 66 (Prankster), Seite 67 (Nikanos), Seite 96 (Berthold Werner), Seite 100 (Berthold Werner), Seite 104 (Gerolsteiner91), Seite 105 (Steffen Schmitz)

Ebenfalls im Regionalia Verlag erschienen:

ISBN 978-3-939722-70-0

ISBN 978-3-939722-40-3

ISBN 978-3-939722-66-3

ISBN 978-3-939722-45-8

Jeweils 128 Seiten • 16,5 × 19,8 cm • Hardcover • 6,95 €